Colección
Crecimiento Espiritual

Edición general:
Jonathan Somoza
Gerencia general:
Paola Morales
Gerencia editorial:
Barbara Carballo
Coordinación editorial:
Anagabriela Padilla
Edición de estilo:
Francis Machado
Corrección editorial:
Luz Llaguno
Corrección ortotipográfica:
Andrea Peña
Portada:
Camilo Ahumada
Diseño y diagramación:
Aarón Lares

ISBN: 978-628-95208-5-9

Sin Miedo a Nada

CÓMO ROMPER LOS TEMORES DE TU VIDA Y DESARROLLAR UNA MENTALIDAD GANADORA

IVÁN DELGADO GLENN

Pan House

Índice

DEDICATORIA

A mi abuelo, Enrique Glenn. Gracias por enseñarme lo que es el amor incondicional. Daría todo para verte unos minutos más.

A mis tres hijas, Isabella, Ana Sofía (en el cielo) y Sofía. Este libro formará parte del legado que ustedes disfrutarán.

Al amor de mi vida, Malena. Gracias por entregarme tu corazón y por ser la mejor compañera para construir una familia y el gran ministerio que nos fue encomendado.

A mi equipo de líderes, quienes me han acompañado en los grandes desafíos enfrentados durante más de veinte años.

A todos los jóvenes que, como yo, desean triunfar en la vida y pareciera que no cuentan con grandes oportunidades. Triunfen sin tenerle miedo a nada.

Al Espíritu Santo, quien me escogió sin merecerlo y fue la principal inspiración para escribir estas líneas.

AGRADECIMIENTOS

Gracias a Alfredo Correa, Q.E.P.D. Padre, me brindaste tus grandes enseñanzas, me inspiraste a ser un hombre íntegro y trabajar incansablemente. Sin darme cuenta, fuiste mi profesor personal. Tu pasión por la academia y la investigación surtieron efecto.

Gracias a mi mamá, Alba, quien se sacrificó como muchas mujeres para darme de más, sin tener mucho. Todo mi amor y admiración hacia ti.

A mis pastores y mentores, porque hoy estoy montado sobre los hombros de ustedes. Gracias apóstol José Víctor y Jessica Dugand, por recibirme en su casa y darme esperanza cuando la había perdido. Al apóstol Edwin Álvarez y su esposa, Dalys, por recibirme en su hogar y darme tanto amor e inspiración para servir a Dios incansablemente. Gracias pastor Samuel Rodríguez, por desafiarme a conquistar el mundo sin miedo a nada; al pastor Sergio Hornugh, por ayudarme a pensar en diez miles y romper barreras; al pastor Maury Davis, por su amor y gracia incalculables con mi vida; al profeta Kevin Leal, por sufrir conmigo cuando no había nada; al Dr. Bill Wiston, por enseñarme la fe en lo sobrenatural; al pastor David Scarpeta, por ser una conexión a mi vida de parte del cielo; a los pastores Fernando y Yomara Díaz, por su amistad sincera, que es de gran valor; a los pastores Edwin y Maribel Castro, por brindarme su amistad y apoyo incondicional.

BIOGRAFÍA

Iván Delgado cursó estudios de Ingeniería Industrial en la Universidad del Norte, luego se graduó en Teología en la escuela superior de teología Seminario Reina Valera. Graduado en consejería profesional, consejería familiar y en adicciones en el Cristh Central School. Fue ordenado como pastor en el año 2005. Se tituló como *coach* ejecutivo en la Universidad Iberoamericana de Liderazgo (Unilid), en Miami.

Cursó la certificación en liderazgo en el Instituto de Liderazgo del Dr. Sam Chánd. Junto a su esposa, Malena, dirige la organización Ammi Global, que agrupa distintas iglesias, comedores para niños, fundaciones y escuelas de negocios.

Es presidente de la junta directiva de Geam, empresa de consultoría dedicada a desarrollar proyectos de crecimiento económico empresarial y territorial, con entidades del Gobierno en Colombia.

Durante veinte años ha dado conferencias en distintas ciudades del mundo. Desafía a sus oyentes a que salgan de las limitaciones y rompan barreras para evidenciar un cambio de mentalidad en muchas personas que lo siguen y lo han escuchado.

Es padre de dos hermosas niñas, Isabella y Sofía. Hoy es autor de su primer libro: *Sin miedo a nada*.

PRÓLOGO

Por Edwin Álvarez

No temas, porque yo estoy contigo;
no desmayes, porque yo soy tu Dios que
te esfuerzo; siempre te ayudaré, siempre
te sustentaré con la diestra de mi justicia.
Isaías 41: 10

¿Qué tienen en común Adán, Abraham, Zara, Isaac, Jacob, Moisés, Eli, Elías, David, José de Mateo, Pedro, Juan y Pablo? Qué todos, por diversas causas y en circunstancias muy particulares, sintieron miedo.

Si a la lista anterior añadimos nombres como los de Saúl, el faraón de Egipto, Pilato y Judas Iscariote, entenderemos que hay quienes logran conquistar sus temores y hay quienes son vencidos por sus propios miedos.

El temor hizo su aparición en el huerto del Edén, después de que nuestros padres Adán y Eva fracasaron. Desde entonces está presente en nuestra especie, en todas las épocas, en todos los niveles y en todas las culturas. El temor es, sencillamente, inherente a la existencia humana.

Para triunfar o alcanzar el éxito en la vida es imprescindible señorear sobre nuestros propios temores. Si entendemos el temor como la sensación de miedo a que algo negativo, doloroso o perjudicial haya ocurrido o pueda ocurrir, nos encontramos en la misma onda de pensamiento. La primera reacción de Adán después de haber fracasado fue, precisamente, el miedo. El «tuve miedo, y me escondí» es la herencia que recorre el ADN generacional y se traspasa de padres a hijos. Es la realidad que hace que el miedo y el temor sean comunes a todos los humanos.

Este libro trata sobre la conquista de todos los miedos. Por tanto, es de alta pertinencia para todos, mayormente en la sociedad de hoy, objeto del ataque de múltiples temores.

La base fundamental sobre la que descansa la presente obra, así como la cantera de donde se extraen sus diamantes, es la infalible palabra de Dios. Aunque la obra presenta una galería de experiencias en la que los actores triunfan sobre el temor, la capacidad para lograrlo siempre testimonia el poder de la palabra de Dios que supera todas las barreras que hay que vencer para alcanzar el éxito. Sin el conocimiento de la aplicación de la palabra de Dios este libro jamás hubiera sido escrito.

Una de las manifestaciones camufladas del temor es el desánimo. El pastor Iván Delgado, con magistral sabiduría y capacidad didáctica, expone, en término sencillos, cómo levantarse del desánimo o evitar caer en él. Si únicamente de este aspecto tratara este libro, ya su producción sería en extremo valiosa.

Sin miedo a nada es una obra de referencia para comprender el poder de la mente y aprovechar su máximo potencial. El autor condensa en un jugoso cóctel la revelación bíblica con su conocimiento empírico de la mente para guiar al lector a un cambio en el proceso del pensamiento, a fin de ayudarnos a transformar nuestra visión interior y, subsecuentemente, la visión de la vida misma. Este libro nos presenta la esencia de la sentencia del sabio Salomón: «Como es el pensamiento del hombre en su corazón, así es él» Prov 23:7. Mi oración es para que cada lector pueda asimilar lo transmitido en este libro, lo aplique y experimente, con el cambio de pensamiento, nuevos niveles de promoción personal en todos los sentidos y en todas las áreas de su vida.

Sin miedo a nada valora y prioriza la importancia de la actitud para enfrentar todos los desafíos, así como para llenar todos los vacíos de la vida. No exagero al afirmar que con el simple hecho de avanzar en la lectura de este libro, se experimentará la energía espiritual necesaria para transformar la actitud del lector, de manera que se empodere de la promesa que lo llama a ser más que vencedor.

Sin miedo a nada es un estímulo poderoso a la fe personal. A fin de cuentas, el triunfo sobre el temor y la conquista de todo miedo es la victoria de la fe. La fe y el temor no pueden coexistir. Donde el miedo prevalece la fe está ausente. El pastor Iván Delgado, un hombre de fe, sintetiza principios de fe para tener visión y desarrollarla, alcanzar el potencial personal e influir, así como inspirar a otros.

Este libro es el producto de años de caminar con Jesucristo, de muchas horas de oración y estudio de la palabra de Dios, de experiencias en el desierto y en la cumbre y de la obediencia a un llamado divino a compartir lo recibido bajo la bendición del Espíritu Santo. Que el trino Dios expanda tu mundo con cada capítulo de este libro. Amén.

COMENTARIOS

«El trabajo de mi amigo, el pastor Iván Delgado, alentará y fortalecerá a todos los que lo lean y escuchen. Su voz es un crédito para su generación y su liderazgo cambiará el mundo para el Reino de Dios».

PASTOR SAMUEL RODRÍGUEZ
Presidente Nhclc
Pastor New Season USA

«Mi buen amigo, el pastor Iván Delgado, es sin lugar a dudas una de las voces que Dios está levantado en nuestro continente. Su pasión por ver personas viviendo a su máximo potencial resuena a través de cada línea de este maravilloso libro que contiene una revelación fresca, un lenguaje sencillo y un mensaje practico, en el que nos presenta verdades que nos van a inspirar, animar y empoderar para tener una vida sin temor a nada».

PASTOR SERGIO HORNUGH
Pastor Agua Viva Perú

«Mi amigo, el pastor Iván, ha escrito un libro que va cambiar la historia de una generación. Vivimos en un mundo lleno de miedo, paralizado por el miedo y quebrantado por el miedo. Todos luchan contra el miedo, pero no todos lo vencen. Este libro, Sin miedo a nada, está lleno de respuestas que solo quien ha vencido el temor puede escribir. Léelo, créelo y recibirás el poder de vivir sin miedo».

PASTOR SERGIO DE LA MORA
Autor de *La revolución de corazón*, *Paradoja*
y *El Dios que rompe las reglas*

«Un león camina con ímpetu y seguridad, la seguridad en sí mismo y en lo que Dios ha depositado son claves para el éxito. El pastor Iván Delgado es hombre que me inspira a caminar como un león».

DAVID SCARPETA
Pastor iglesia Grace Houston, Tx.

«Hablar del pastor Iván Delgado en tres palabras es hablar de fe, éxito y conquista para avanzar sin miedo a nada. Caminar en el llamado de Dios bajo Su cobertura nos ha llevado a crecer y enfrentar con fe desafíos personales, familiares y ministeriales, lo que nos permite ver lo sobrenatural de Dios siempre. En los momentos que compartimos con él, como padre y amigo, nuestra vida es contagiada con su creatividad, optimismo y pasión».

GERARDO Y VANESSA CALDERÓN
Pastores Ammi, Cartagena

«Tenemos el privilegio tener como pastor a Iván Delgado, un gran hombre que nos inspira con su fe y su capacidad para reproducir y multiplicar lo que Dios pone en sus manos; hemos podido ver cómo Dios lo respalda llevando la iglesia que pastorea de menos a más. Sabemos que este libro es canal para transformar vidas sin miedo a nada».

PASTORES JERSON Y ROSARIO SALAZAR
Pastores Ammi, Santa Marta

«El pastor Iván Delgado es un líder único. Por medio de su fe, su vida y su ministerio nos ha inspirado, motivado, equipado y bendecido a nosotros y a miles. *Sin miedo a nada* no solo plasma lo que Iván predica, sino también lo que vive. Es una herramienta poderosa, para todo el que quiera entender y vivir las claves del éxito en Dios. Si quieres llegar a un nuevo nivel de fe, debes leerlo».

BRUNO BÖHMER Y ELIZABETH CLAUSSEN
Pastores Ammi, Cali

«Mi esposa y yo tenemos el privilegio de conocer desde hace muchos años al pastor Iván Delgado, un hombre íntegro, generoso y portador de una fe genuina, la cual Dios ha respaldado con un ministerio poderoso, avivado y en franco crecimiento que ha transformado muchas vidas. Su obra, *Sin miedo a nada*, más que un libro temático es el testimonio de su vida, en el que narra vivencias desafiantes y cómo ha vencido los imposibles que se ciernen en las distintas etapas y circunstancias de la vida. Nos comparte de una manera práctica cómo muchas veces, desde la nada, podemos sobreponernos al temor, a las batallas que se libran en la mente, al desánimo y a la derrota para lograr alcanzar una mentalidad que nos permita disfrutar de una vida llena de milagros y éxitos. Es un libro de obligatoria lectura que nos cambiará la vida de manera definitiva».

NOÉ Y MARGARITA BRITO
Pastores Ammi, Atlanta

«En medio de una sociedad sin fe y en decadencia, se hace cada vez más importante regresar a los diseños originales que Dios estableció para sus hijos, pero de igual forma hay tanta información disponible que se hace difícil escoger qué y de quién aprender.

En el liderazgo hay aspectos de gran relevancia, pero a mi parecer ninguno es tan importante como la coherencia, es decir, que la vida del líder sea un reflejo de sus enseñanzas. He tenido la oportunidad de ver esta característica reflejada en la vida de mi amigo, el pastor Iván Delgado.

Al trabajar juntos en diversos proyectos he podido encontrar en Iván una mezcla que se encuentra en pocas personas: una gran fe, una excelente administración, pasión por el ministerio y una hermosa familia.

Estoy seguro de que los principios compartidos en este libro te inspirarán a creer y a realizar cambios permanentes en tu vida.

Prepárate para recibir consejos prácticos y poderosos que han sido probados por muchas personas que han tenido la bendición de ser inspirados e impulsados a vivir la vida abundante que Jesús vino a darnos».

Edwin Castro
Pastor Presencia Viva, Miami

«Hace algunos años tuve el privilegio de visitar el bello país de Panamá, donde pude de conocer personalmente al pastor Iván Delgado. A partir de ahí nos ha unido una hermosa amistad que ha trascendido a través de los años. Después de un tiempo, Dios me concedió el privilegio de visitar la sede de su ministerio, la iglesia Ammi, y pude darme cuenta del gran trabajo que ha venido realizando en la ciudad de Barranquilla y en diversas ciudades del continente junto a su inseparable esposa, la pastora Malena Vanegas, y sus dos preciosas hijas, Sofía e Isabella, quienes son piezas clave de su victoria ministerial. Pude ver con mis propios ojos un ministerio inspirador en el que la excelencia ha sido su carta de presentación y fórmula del éxito. Personalmente, considero al pastor Iván Delgado como un poderoso predicador, dotado de un vibrante mensaje que aviva y despierta la fe de todo aquel que le escucha. Además, nos impulsa a creer que con Dios todo es posible. Por lo cual, estoy seguro que este libro, titulado *Sin miedo a nada*, será de gran bendición para todo aquel que lo adquiera, razón por la cual recomiendo ampliamente su lectura».

Pastor Luis Rivera
Ministerios Internacionales Ríos de
Agua Viva. Saint Paul Minnesota

«El temor es un limitante del propósito, que distorsiona la relación de los hijos con nuestro amoroso Padre celestial. Tengo el gozo de conocer al Pastor Iván Delgado desde el año 2002; él ha sido mi pastor desde la fundación de su iglesia: Ammi, en el año 2006. Junto con su esposa, Malena, han estado en los momentos más dolorosos de mi vida. Me impacta, del Pastor Iván, su generosidad y determinante fe para ver el cumplimento de las promesas de Dios en su vida, familia y ministerio. *Sin miedo a nada* es más que un título, pues consagra el anhelo del maestro Jesucristo cuando nos entregó su paz y dijo: "No se turbe tu corazón, ni tenga miedo" (*RVR,* Juan 14:27). Así vive el Pastor Iván, su tipo de fe lo transmite a su esposa, a sus hijas, Isabella y Sofía; mientras que, a la vez, se la infunde a sus discípulos y ministerio. Este libro impactará tu vida, transformará modelos mentales de parálisis y duda frente a tu escenario de milagros, así como proveerá una fe renovada para el llamado y cumplimiento de tu propósito en esta tierra».

PASTORA INGRID REYES
Autora de *Jesús Ganó*

INTRODUCCIÓN

Quiero agradecerte por haber comprado este libro y por haberte propuesto leerlo. Te aseguro que no te vas a arrepentir. En las próximas líneas quiero expresar varios pensamientos que podrán ayudarte a alcanzar nuevos niveles en tu vida, cualquiera sea tu oficio, edad, estatus social, inclinación política o práctica religiosa.

Sin miedo a nada lo escribí para todas las personas que desean un cambio en su vida, y creen que los temores y paradigmas con los que han vivido por muchos años, pueden desaparecer y ser cambiados por esperanza y por pensamientos poderosos que los pueden llevar a romper límites que, tal vez hasta hoy, nunca habían imaginado. Una obra para quienes desean ir más allá, primeramente en lo espiritual, y luego en toda área en la que se sientan atrasados o sin fruto.

Quiero que sepas que los principios o pensamientos que deseo enseñarte no son solo teoría, al aplicarlos, tu mentalidad limitada en algún área puede ser transformada, y los miedos que te dominan pueden ser reemplazados por pensamientos de victoria que provocarán cambios en todo tu entorno.

Son el resultado de vivir una relación íntima y personal con mi Padre celestial, que también está disponible para ti. Y son el producto de las experiencias que he tenido durante veinticinco años, en los cuales he predicado a miles de personas en Barranquilla, Colombia, mi ciudad natal y donde resido, y en diferentes ciudades del mundo, en cuyos territorios he dado conferencias de liderazgo a diversos grupos universitarios, empleados, emprendedores, a grandes empresarios y a políticos, así que he sido mentor de cientos de ellos. Pues una vez aplicadas estas enseñanzas a mi propia vida, y al ver el fruto que me produjeron, quise compartirlas con miles de personas.

Como presidente y pastor de Ammi Global, ministerio que reúne varias iglesias en distintas ciudades, fundaciones sin ánimo de lucro y escuelas de liderazgo y empresariales, he podido ver gente que llega en nivel cero y luego sube al nivel cien. Por eso, digo que no es solo teoría, es vida.

Te puedo garantizar de manera personal que los principios de los cuales te hablo funcionan, y han funcionado no solo para mi familia, negocios y trabajo, sino también para muchos cercanos que están a mi alrededor que los han aplicado. Por ejemplo, uno de esos principios tiene que ver con algo que descubrí, y es que los temores con los cuales vivimos durante muchos años condicionan, limitan nuestro pensamiento y nuestro corazón, haciendo que no podamos desarrollar todo el potencial que Dios nos entregó. Alrededor de esta idea gira todo el libro.

Te invito a darle una redimensión a tu interior para que luego veas transformaciones en tu exterior de manera ilimitada. Los seres humanos necesitamos cambios en lo «invisible» para que los visibles se den naturalmente como un resultado.

Ahora bien, la base de todo lo que está escrito en este libro son los principios espirituales que por muchos años he estudiado en la palabra de Dios, que en mis primeros diecinueve años de vida no conocí ni practiqué. Pero para recibirlos, quiero animarte a que dejes cualquier prejuicio que tengas acerca de la religión o cualquier mala experiencia que hayas tenido.

Te aseguro que me he tomado el tiempo con cientos de horas de trabajo para plasmar estos principios espirituales de manera sencilla y aplicable a toda área de tu vida, de modo que no lo veas como religión.

Finalmente, te confieso que no será un proceso sencillo, porque necesitará de tu compromiso, pero es más fácil de lo que piensas. Si tomas la decisión, hoy mismo podrás ver cambios en tu mente, en tu alma y en toda tu vida. Te deseo lo mejor de Dios en esta jornada de ocho capítulos que transformarán tu vida para siempre. Prepárate para vivir sin miedo a nada.

¡COMENCEMOS!

1

CAMBIA TU MENTE, CAMBIA TU MUNDO

El éxito y el fracaso comienzan
con un pensamiento.

¿Te has preguntado qué relación tienen nuestros pensamientos con los pasos que damos en nuestra vida? Yo he sido un apasionado de este tema, y en las primeras líneas de este libro quiero mostrarte cómo puedes cambiar tu vida, potenciar tu alcance, tu historia completa, si cambias tu sistema de pensamiento.

Para empezar, quiero confesarte que estoy convencido de que Dios nos creó para llevar a cabo grandes propósitos, por eso, quiero pedirte que mientras lees este libro creas que hay un Dios que te diseñó, que tiene planes extraordinarios para ti, y que te dio también una mente que puede alcanzar destinos ilimitados si sabes cómo ponerla a funcionar a tu favor.

Dios nos creó con propósitos extraordinarios y con una mente ilimitada.

DOS HOMBRES DE EJEMPLO CON MENTALIDAD DE GRANDEZA

Para ilustrar el hecho de que Dios nos creó con mentalidad de grandeza, me gusta muchísimo poner como ejemplo la historia de doce conquistadores o espías que fueron enviados por Moisés a reconocer la tierra que Dios les había prometido. Era algo que la nueva generación de los que habían salido de Egipto había esperado, ¡era un sueño hecho realidad!

¿Te imaginas el día en que llegue aquello por lo que has esperado tanto? Pues para ellos se había acabado la espera, ese era el momento de recibir lo que por más de 430 años sus antepasados que vivieron en esclavitud habían esperado. No obstante, de estos doce conquistadores solo dos pudieron alcanzar su sueño. ¿Por qué? Veamos qué secretos escondidos podemos descubrir en esta historia de la vida real, que estoy seguro te servirán para comenzar un nuevo camino de conquista en todas aquellas áreas en donde te sientas estancado o en las cuales simplemente quieras avanzar a un nuevo nivel.

«Y llegaron hasta el valle de Escol y de allí cortaron un sarmiento con un solo racimo de uvas; y lo llevaban en un palo entre dos hombres, con algunas de las granadas y de los higos. A aquel lugar se le llamó valle de Escol por razón del racimo que los israelitas cortaron allí. Y volvieron de reconocer la tierra después de cuarenta días, y fueron y se presentaron a Moisés, a Aarón y a toda la congregación de los israelitas en el desierto de Parán, en Cades; y les dieron un informe a ellos y a toda la congregación y les enseñaron el

fruto de la tierra. Y le contaron a Moisés, y le dijeron: "Fuimos a la tierra adonde nos enviaste; ciertamente mana leche y miel, y este es el fruto de ella. Solo que es fuerte el pueblo que habita en la tierra y las ciudades, fortificadas y muy grandes; y además vimos allí a los descendientes de Anac. Amalec habita en la tierra del Neguev, y los hititas, los jebuseos y los amorreos habitan en la región montañosa, y los cananeos habitan junto al mar y a la ribera del Jordán". Entonces Caleb calmó al pueblo delante de Moisés y dijo: "Debemos ciertamente subir y tomar posesión de ella, porque sin duda la conquistaremos". Pero los hombres que habían subido con Él dijeron: "No podemos subir contra ese pueblo, porque es más fuerte que nosotros". Y dieron un mal informe a los israelitas de la tierra que habían reconocido, diciendo: "La tierra por la que hemos ido para reconocerla es una tierra que devora a sus habitantes, y toda la gente que vimos en ella son hombres de gran estatura. Vimos allí también a los gigantes (los hijos de Anac son parte de la raza de los gigantes); y a nosotros nos pareció que éramos como langostas; y así parecíamos ante sus ojos"» Números 13:23-33 (NBLA).

Lo que sucedió fue que después de haber recorrido toda la tierra, los encomendados regresaron con un «informe», pero diez expusieron razones diferentes de las que dieron otros dos, Josué y Caleb. Es decir, hubo un pequeño dilema, diez pensaron mal acerca de esa tierra, pero Josué y Caleb pensaron como Dios, que esa era la tierra perfecta para establecerse.

Diez dijeron: «Hay gigantes, ciudades fortificadas, es difícil conquistarla, el pueblo es más fuerte que nosotros...». Su informe acerca de esa tierra fue totalmente pesimista, estaban llenos de desánimo, de miedo y, además, contagiaron a gran parte del pueblo con su manera de pensar.

A donde quiero llegar en conclusión es que los seres humanos vemos las cosas desde el punto de vista o de la forma como pensamos acerca de estas. Lo cierto es que nuestra manera de pensar es la razón por la cual estamos hoy en día justo donde estamos.

Nuestra manera de pensar es la razón por la cual estamos hoy en día justo en el lugar donde estamos.

No sé si te ha pasado, pero ¿cuántas veces nos quejamos de lugares, escenarios, emprendimientos, trabajos, oportunidades, relaciones, ideas..., solo por pensar que esos «lugares» son demasiado «grandes» para nosotros, y los vemos como sitios imposibles de alcanzar?

Sin embargo, nadie que ha obtenido grandes logros lo ha hecho en tierras «pequeñas», sino que se ha armado de valor para conquistar aquellos lugares a donde pocos se atreven a entrar. A estas personas se les llama triunfadoras, valientes, guerreras, exitosas.

En este sentido, te has preguntado ¿cuál es la diferencia entre la gente que tiene éxito y la gente que no prospera en nada, que no conquista nada?, o, por ejemplo, ¿cuál es la diferencia principal entre la gente rica y la gente pobre? La respuesta es: «su manera de pensar».

¿Sabrás tú dónde estarás mañana? Por supuesto, no lo sabes a ciencia cierta, pero el lugar que ocupes y la manera como te sientas mañana van a depender en mayor medida de la manera de pensar que adoptes hoy.

No habrá cambio afuera a menos que cambies tu sistema de pensamiento. Y te prometo que, si tomas en serio los secretos que en este libro te serán entregados, no tengo la menor duda de que muchas cosas cambiarán en ti y a tu alrededor.

Ahora bien, siempre he pensado acerca de por qué Dios envío a ese grupo de espías a reconocer la tierra prometida. Pues, yo creo que estaba haciendo una especie de «examen espiritual» para ver la calidad de los pensamientos de ellos, porque, aunque Dios quiere darnos lo mejor, Él no va a permitir que se pierda, se lo dará a quien lo valora, a quien está preparado para lo nuevo y piensa como Él.

Lo triste es que después de haber vivido 430 años de esclavitud, Dios los sacó milagrosamente de Egipto y de sus aflicciones, los llevó al desierto, pero cuando llegó el momento del examen final, lo perdieron. En otras palabras, «abortaron» el milagro.

Dios estaba a punto de darles el mayor triunfo de toda su vida y fracasaron. La historia dice que los espías regresaron con un racimo de uvas gigante. Dios permitió que ellos vieran una muestra de lo que estaban por disfrutar, pero su limitada manera de pensar, literalmente rechazó esta visión. Prefirieron creer más en las dificultades que enfrentarían al entrar a esta tierra y no poner su mirada en lo grande que estaba siendo puesto delante de sus ojos.

El racimo de uvas gigante no causó el efecto que Dios quería producir en sus corazones. Él quería ensanchar su pensamiento para lo grande que les esperaba, pero fue más fuerte el temor y la mentalidad que traían de Egipto que la visión gigante que Dios les preparó.

Es inconcebible ver cómo ellos tenían las mismas posibilidades y las mismas dificultades al mismo tiempo. Es como aquello que les sucede a dos personas con el mismo estatus social, la misma situación política y económica, las mismas creencias religiosas, las mismas promesas, las mismas oportunidades y dificultades, pero una triunfa y la otra se queda estancada eternamente.

La respuesta sigue siendo la misma: una de las dos personas tomó la decisión de pensar diferente.

Hay quienes nunca entrarán por grandes puertas por una simple razón: porque nunca se han visto entrando por ellas. Nunca han pensado en la posibilidad de que pueda ser cierto, mientras que otros pensaron un día: «Voy a entrar por grandes puertas», y así terminó sucediendo.

De ahí que Proverbios 23:7 (LBLA) dice: «Pues como piensa dentro de sí, así es». La versión RVR 1960 dice: «Porque cual es su pensamiento en su corazón, tal es Él».

Atrévete a pensar diferente.

Lo que este proverbio nos enseña es que hacia donde va nuestra mente, hacia allá mismo vamos a ir nosotros. Nuestros pensamientos nos conducen, nos señalan el curso de nuestra vida y determinan nuestro destino. Ellos prescriben cómo son nuestras relaciones, nuestro ánimo, nuestras reacciones, nuestras ideas, nuestras finanzas, nuestro ministerio, nuestra sexualidad, la forma como nos relacionamos con nuestra familia, la manera como llevamos la administración de nuestro tiempo y, en últimas, nuestros pensamientos son directamente proporcionales a la calidad general de nuestra vida.

Si crees esto, entonces, puedes concluir que, si cambias tu manera de pensar, todo cambiará.

Es tiempo de dejar de mirar afuera y comenzar a buscar dentro de ti todo aquello que hay que cambiar.

No puedo asegurarte cuántas veces me sucedió, pero estoy seguro de que no aproveché muchas de las oportunidades que se presentaron delante de mis ojos porque me parecieron demasiado grandes. Me parecieron imposibles de alcanzar para mi nivel en ese momento.

Lo que descubrí con los años y con las experiencias es que Dios quería subirme de nivel y no tuve la capacidad de ampliar mi mentalidad respecto de lo que Dios quería entregarme.

Limité lo nuevo de Dios de acuerdo con mi pensamiento de inferioridad, en vez de subir mi nivel de creencia a la altura de lo que Él tenía para mí. Fue cuando descubrí que no estaba pensando de la manera más acertada, entonces sí comencé a subir de nivel.

Si estás leyendo este libro, entonces, ya estás subiendo de nivel.

Los diez espías pensaron desastrosamente. No obstante, Josué y Caleb comenzaron su travesía de conquista pensando de la manera adecuada. Su éxito comenzó por el principio, pensaron en el éxito antes de tenerlo.

El éxito y el fracaso comienzan con un pensamiento.

¿CÓMO FUNCIONA NUESTRA MENTE?

¿Recuerdas qué tipo de pensamientos tenías antes de obtener tus mayores logros en la vida?, ¿y antes de tener tus mayores fracasos o derrotas? Te aseguro que tus pensamientos influyeron y te llevaron a vivir esas circunstancias. Por eso es que uno de los objetivos que quiero animarte a lograr es que tomes la decisión de pensar exitosamente de manera intencional.

Es verdad, necesitarás esforzarte, trabajar en tu interior, pero si tomas la decisión, los resultados serán extraordinarios, porque resulta que nuestra mente funciona de manera sobrenatural, sí, así como lo lees. Los pensamientos que fabricas en ella se van a producir en lo material, de allí que sea sumamente importante que cuides lo que piensas, y mejor aún, que pienses en grande.

Pues bien, en este apartado deseo anunciarte algo muy importante: la gente que conquista su tierra de abundancia es la que piensa que los mejores días son los que están por venir. Otros deciden pensar lo incorrecto, como todo lo malo que pudiera sucederles, y el fruto de eso es que su vida, su entorno y sus resultados nunca son los mejores.

En este sentido, ¿cuál fue el problema de los conquistadores que no creyeron?, ¿por qué no pudieron disfrutar de la tierra de la abundancia? Esos diez espías pensaron diferente a como Dios ya había pensado acerca de ellos y su mente era un basurero.

Es decir, que no solo debemos cuidar de lo que pensamos en alto, sino también revisar qué es lo que Dios piensa de nosotros y de nuestro futuro, porque podemos pensar en grande, pero si esos pensamientos no están alineados con lo que Dios tiene preparado para nosotros, corremos el riesgo de desviarnos por caminos que están errados.

Tu mente puede ser un basurero o un tesoro lleno de bendiciones.

Es decir, la diferencia para que pases del nivel diez al nivel cien de pensamiento ilimitado es lo que crees que Dios puede hacer por ti y a través de ti. Y para ello necesitas saber antes qué piensa Dios acerca de ti y de tu futuro, de tu familia, de tu carrera, de tus finanzas, de tus sueños y metas.

¿Te has preguntado qué piensa Dios de ti?

En el marco de lo que venimos planteado, Isaías 55:8-11 (LBLA) dice: «Porque mis pensamientos no son vuestros pensamientos, ni vuestros caminos mis caminos, declara el Señor. Porque como los cielos son más altos que la tierra, así mis caminos son más altos que vuestros caminos, y mis pensamientos más que vuestros pensamientos. Porque como descienden de los cielos la lluvia y la nieve, y no vuelven allá, sino que riegan la tierra, haciéndola producir y germinar, dando semilla al sembrador y pan al que come, así será mi palabra que sale de mi boca, no volverá a mí vacía sin haber realizado lo que deseo, y logrado el propósito para el cual la envié».

Este pasaje del libro del profeta Isaías nos enseña que hay una distancia muy grande entre lo que Dios planeó para ti y lo que tú estás pensando y determinando para tu vida.

Lo que ocurre es que, si no cambias tu manera de pensar, cada vez que se te presenten oportunidades, puertas únicas y grandes, las vas a rechazar, porque simplemente no caben en tu sistema de pensamiento.

Aunque no sea posible en tu mente, sí es posible para Dios.

En cambio, si desarrollas la capacidad de renovar tus pensamientos de acuerdo con la manera como piensa Dios, todo plan, todo propósito, todo proyecto, todo lo que te puedas imaginar, Dios lo hará contigo.

Dios quiere pensar a través de ti.

Recuerdo que mi primer carro lo compré sin dinero. Literalmente sin un dólar. Pero tenía un impulso muy fuerte en mi corazón, una voz en mi mente que creí que venía de parte de Dios y que me decía: «Ve y compra sin dinero». Lo natural es que no se puede comprar un carro sin dinero, pero mi mente atrapó otro tipo de pensamiento.

Isaías 55:1 (RVR 1960) dice que: «A todos los sedientos: Venid a las aguas; y los que no tienen dinero, venid, comprad y comed. Venid, comprad sin dinero y sin precio, vino y leche».

Teniendo este pensamiento en mi mente fui al concesionario y pregunté cuánto costaba el carro que me gustó. Me dijeron que se podía apartar con $1000, los cuales no tenía, pero al día siguiente los llevé. De esta manera ya había apartado mi carro, y me lo iban a entregar en un mes. Pero ¡me faltaban $31 000!

Pensé en solicitar un préstamo al banco, de esa manera lo que tenía que conseguir ya iba a ser poco, pero el banco me prestó la mitad de lo que pedí. Necesitaba un milagro, y era conseguir $16 000 en treinta días, sin trabajo, sin sueldo y sin negocios. Pero mi mente estaba clara.

Un día antes de que me entregaran el carro me llamaron del banco a decirme que el cheque estaba listo, pero aún me faltaban $1000 y ya no tenía más de dónde sacar. Mi mamá y un amigo aportaron para la causa, conseguí otra parte con un par de negocios, pero ya no había más...

Ese viernes, el día del pago total, confiado creí que un milagro iba a suceder. Ya me estaba preparando para ir al concesionario, pero a eso de las 10:00 a. m. recibí una llamada de una amiga, hermana de una discípula que se había mudado a Estados Unidos (María del Carmen es su nombre), quien me pidió que fuera a casa de su mamá y orara por ella porque estaba muy mal de salud.

Solo tenía en mi bolsillo el equivalente al taxi de ida, y para eso lo utilicé. Mi esposa me llamó en ese momento y le dije que iba camino a orar por la mamá de nuestra amiga y me preguntó por el dinero que faltaba para el carro.

Mi respuesta fue que algo haría Dios, pero aún no lo tenía, y le pedí que me ayudara a pagar el taxi de regreso a la casa porque ya no tenía más dinero (la situación estaba bastante crítica).

Al fin llegué a orar por la señora, quien me recibió amablemente, y luego de darme un par de regalos que me había enviado su hermana de Estados Unidos, me dijo que no me fuera, que había algo más. Abrió una gaveta, de donde sacó un fajo de billetes y me lo entregó diciéndome: «Esto es para usted, mi hermana me pidió que se lo diera, porque ella quiere comprarse un carro del año y le mandó esta ofrenda, pues, cree que sembrando esta semilla recibirá una cosecha milagrosa».

La verdad quedé muy sorprendido, en *shock*, no sabía qué hacer y de los nervios me puse a contar el dinero delante de ella. ¡Eran $1500, más de lo que necesitaba para completar el pago de mi carro! Dios cumplió, y lo que había pensado un mes atrás se estaba materializando. ¡Fue un gran milagro! De repente para otra persona no es gran cosa, pero para mí en ese momento era como hablar de un millón de dólares. Salí de aquella casa muy emocionado, llamé a mi esposa y le dije dos cosas: «Ya no me tienes que pagar el taxi y prepárate para ir por nuestro carro nuevo porque ya tengo el dinero».

Como muchas otras, esa fue una experiencia con la cual Dios me demostró que, si me atrevo a pensar de una manera extraordinaria, los resultados sin duda alguna también serán extraordinarios.

Quedan varias preguntas por contestar: ¿cómo apareció todo el dinero que necesité?, ¿por qué María del Carmen quiso enviarme ese dinero justo el día en que yo más lo necesitaba?, ¿fue casualidad o el resultado de pensar fuera de lo normal lo que ocasionó que lo extraordinario sucediera?, ¿qué tuvo que ver Dios en este asunto? Veamos en la Biblia cómo continúa la historia de los conquistadores, a propósito de esto.

«Entonces toda la congregación levantó la voz y clamó, y el pueblo lloró aquella noche. Todos los israelitas murmuraron contra Moisés y Aarón, y toda

la congregación les dijo: "¡Ojalá hubiéramos muerto en la tierra de Egipto! ¡Ojalá hubiéramos muerto en este desierto! ¿Por qué nos trae el Señor a esta tierra para caer a espada? Nuestras mujeres y nuestros hijos van a caer cautivos. ¿No sería mejor que nos volviéramos a Egipto?". Y se decían unos a otros: "Nombremos un jefe y volvamos a Egipto". Entonces Moisés y Aarón cayeron sobre sus rostros en presencia de toda la asamblea de la congregación de los israelitas. Y Josué, hijo de Nun, y Caleb, hijo de Jefone, que eran de los que habían reconocido la tierra, rasgaron sus vestidos y hablaron a toda la congregación de los israelitas y dijeron: "La tierra por la que pasamos para reconocerla es una tierra buena en gran manera. Si el Señor se agrada de nosotros nos llevará a esa tierra y nos la dará; es una tierra que mana leche y miel. Solo que ustedes no se rebelen contra el Señor, ni tengan miedo de la gente de la tierra, pues serán presa nuestra. Su protección les ha sido quitada, y el Señor está con nosotros; no les tengan miedo". Pero toda la congregación dijo que los apedrearan. Entonces la gloria del Señor apareció en la tienda de reunión a todos los israelitas» Números 14:1-10 (LBLA).

Vemos en estos versículos que los que pensaron de forma negativa comenzaron a murmurar, a quejarse a tal punto, que desearon morirse. ¡Es increíble hasta dónde pueden llevarnos los pensamientos pesimistas en momentos tan cruciales! Siempre encontraremos gente de este estilo, que nunca verán *el vaso medio lleno*, nunca verán la oportunidad, nunca verán las posibilidades, pero siempre verán los obstáculos.

Por otro lado, vemos a Josué y a Caleb, que pensaron totalmente diferente siempre. Su informe de la tierra y de las circunstancias era totalmente opuesto. Ellos dijeron: «No tengamos miedo, Dios está con nosotros, vamos, conquistemos esa tierra».

Quiero que te detengas unos segundos y que medites acerca de cuántos temores se han apoderado de tu corazón, de tu familia, de tus proyectos, ¿por qué has decidido tantas veces pensar en lo equivocado?

Lo que sucede es que los seres humanos tenemos la tendencia de inclinar la balanza hacia todo lo que produce temor y paraliza nuestra fe. En el cuarto capítulo hablaré específicamente de este tema, pero quiero que medites desde ya en esto, porque algo que sucederá al finalizar este libro es que habrás sido libre de cualquier temor que haya paralizado tu vida y haya detenido tu avance.

Lo que les pasó a los diez espías es que el «vino nuevo» que Dios tenía para ellos no cupo en su mentalidad estrecha. Así lo explicó Jesús:

«Nadie pone un remiendo de tela nueva en un vestido viejo; porque el remiendo al encogerse tira del vestido y se produce una rotura peor. Y nadie echa vino nuevo en odres viejos, porque entonces los odres se revientan, el vino se derrama y los odres se pierden; sino que se echa vino nuevo en odres nuevos, y ambos se conservan» Mateo 9:16-17 (LBLA).

El vino nuevo, es decir, las grandes promesas de Dios para tu vida, no se manifiesta porque no ha encontrado un «recipiente» en dónde derramarse. Se necesita una renovación, y renovar es quitar lo viejo y traer lo nuevo.

El odre es tu sistema de creencias o de entendimiento.

Es como el hombre que está buscando ganarse un negocio de $20 000 y le ofrecen uno de $2 000 000. Él puede decir: «Es la oportunidad de mi vida», o asustarse por creer que jamás podrá manejar esas cifras en su cabeza.

Cuando el vino nuevo se encuentra con el odre viejo se produce un choque, se produce una ruptura, hay un desacuerdo entre ellos, el vino nuevo y el odre viejo no pueden estar juntos.

Recuerdo la primera ocasión que creo me pasó algo así. Tenía alrededor de siete años aproximadamente, y pasé de estudiar en una guardería a uno de los colegios más grandes de mi región.

Era el colegio San José, institución de la comunidad jesuita, el cual fue de gran bendición para mi vida. La diferencia era abismal, de una guardería de unos diez salones y con un patio pequeño, pasé a un colegio de varias hectáreas con tres canchas de fútbol (dos profesionales), un coliseo deportivo con canchas de basquetbol y voleibol, cancha de béisbol reglamentaria, piscina, tres edificios de salones, colegio de primaria y colegio de bachillerato con adecuaciones y patios diferentes.

El choque en mi mente fue impresionante. Recuerdo que al sonar la campana el primer día de clases, después del primer recreo, pensé que ya nos íbamos para la casa, pero no; era la campana para el segundo recreo.

No sabía aún que los horarios eran tan largos y que, además, podíamos jugar en un patio tan grande. Mi mentalidad definitivamente fue ampliada. La diferencia fue de uno a cincuenta veces más, aproximadamente (no exagero, los que estudiaron en mi colegio saben que es verdad). Mi sistema de pensamiento estaba siendo ensanchado.

Del mismo modo, Dios les estaba diciendo a los doce conquistadores que sin duda venían en camino nuevos frutos de abundancia, de prosperidad, oportunidades grandes, promesas cumplidas, pero su mente, que estaba aún sin renovarse, no les dejó ver lo que Dios tenía para ellos.

Para cada promesa y verdad de Dios para tu vida, ¡siempre aparecerá algo contrario e inesperado! Pero tú decides si creer o no en lo que Él tiene para ti.

Cualquier cosa que albergues en tu mente tenderá a suceder en tu vida, pero, si continúas pensando y creyendo como siempre has creído, continuarás actuando como siempre has actuado. Si continúas actuando como siempre has actuado, continuarás obteniendo lo que siempre has obtenido.

¿QUÉ ES UN PARADIGMA Y CÓMO ADQUIRIR UNO NUEVO?

En palabras claras y llanas, un paradigma es un modelo, generalmente de carácter social, un pensamiento, una conducta, una idea, digamos preestablecida, que el común sigue sin cuestionar, sin preguntar demasiado, sin penetrar en las profundidades de eso que se sigue casi a ciegas porque se considera una verdad.

Según lo dicho por Thomas Kuhn (1970), padre del concepto paradigmático del siglo XX: «Un paradigma es un sistema de creencias, principios, valores y premisas que determinan la visión que una determinada comunidad científica tiene de la realidad, el tipo de preguntas y problemas que es legítimo estudiar, así como los métodos y técnicas válidos para la búsqueda de respuestas y soluciones».

Y aunque esta definición está vinculada, en primera instancia, con el ámbito científico, la palabra «paradigma» se trasladó al colectivo social en todas sus formas y se transformó en lo que significa: patrón, ejemplo, esquema.

Los diez espías tenían su pensamiento anclado a su pasado en Egipto, ligado a esclavitud, pobreza, necesidad, solo lo suficiente para subsistir, sufrimiento y humillación. Ese era su pensamiento paradigmático o simplemente su paradigma.

Para hacerte más comprensible este concepto, imagina que una idea que alguien tiene en su mente se encuentra encerrada en un cubo y por nada del mundo, nada ni nadie va a hacer que la forma de ese cubo cambie (un pensamiento, una idea o una creencia que tenga). Es aquí cuando decimos que un paradigma es cerrado, es decir, que otra idea, por muy buena que parezca, no va a flexibilizar ese pensamiento porque sencillamente el individuo lo halla cierto, tan cierto que cree que no lo puede cambiar.

Te voy a dar una buena noticia: ¡sí podemos cambiar nuestros paradigmas!

Romanos 12:2 dice: «Y no se adapten a este mundo, sino transfórmense mediante la renovación de su mente, para que verifiquen cuál es la voluntad de Dios: lo que es bueno, aceptable y perfecto» (versión NBLA). «No imiten las conductas ni las costumbres de este mundo, más bien dejen que Dios los transforme en personas nuevas al cambiarles la manera de pensar» (versión NTV).

Cuando nos apegamos a las maneras de hacer las cosas de la sociedad, imitando patrones de pensamiento, estamos propensos a adquirir paradigmas tan herméticos que nos impiden ver nuevas y mejores formas de hacer las cosas y de llevar la vida, la vida que Dios tiene para nosotros.

Por eso, mi invitación para ti, estimado lector, es que no te adaptes tanto a tu cultura que encajes en ella sin ni siquiera pensarlo. En su lugar, fija tu atención en Dios, porque serás cambiado por Él de adentro hacia afuera para ver cosas maravillosas. Pero si te resistes o insistes en tus «paradigmas» viejos y cerrados, te vas a perder lo grandioso que Él preparó para ti.

A diferencia de la cultura que te rodea, que siempre te arrastra a su nivel de inmadurez, Dios saca lo mejor de ti y te lleva a experimentar escenarios impensables y sorprendentes.

Todos necesitamos una transformación de nuestro entendimiento para ir a lo nuevo. Además, tomemos en cuenta que la palabra «entendimiento» es el conjunto de información, que tenemos en nuestra mente, con la cual emitimos juicios acerca de lo que nos pasa, lo que nos sucede y la información que recibimos.

Pero hay algo curioso respecto a ello, y es que nuestro entendimiento emite juicios que van de acuerdo a la percepción de los asuntos de la verdad que tenemos ya predeterminados, aunque no sean la realidad.

¿Por qué hay gente que con la misma promesa tiene resultados diferentes, personas que tienen las mismas posibilidades, pero toman caminos diferentes y reaccionan diferente? ¡Pues su entendimiento determina cómo reciben y qué es lo que van a creer!

Donde unos perciben oportunidades, otros perciben imposibilidades; donde unos ven puertas abiertas, otros ven las mismas puertas, pero cerradas. Donde algunos perciben crisis, otros ven que llegó el momento esperado.

¿Cuál de los dos tipos de pensamientos has mantenido en tu vida?

Cuando los diez espías incrédulos comenzaron a murmurar, a quejarse y a maldecir, Caleb los mandó a callarse, ¿sabes por qué?, porque las palabras que declaran sobre nosotros, como «no sirves», «no puedes», «nunca lo alcanzarás», «no estás preparado», etc., se convierten en profecías sobre nuestras vidas, se quedan arraigadas en nuestro pensamiento y comienzan a ejercer influencia sobre nosotros y, en el peor de los casos, nos condicionan en la toma de decisiones.

La doctora Caroline Leaf, en su libro *Quién me desconectó el cerebro: controla las emociones y los pensamientos tóxicos* (2013), explica cómo se pueden tomar patrones en nuestro sistema de pensamiento debido a experiencias repetitivas en nuestra vida, sobre todo en nuestra niñez y adolescencia, que producen caminos o senderos de impulsos nerviosos en las neuronas de nuestro cerebro, de tal manera que ante una misma circunstancia o situación nuestra mente ya está condicionada físicamente por estos patrones neuronales, para pensar de cierta manera y provocar reacciones en nuestro cuerpo que pueden ser catastróficas.

Imagina un niño que vivió eventos repetidos de abuso, de abandono, de maltrato, de mala paternidad, de palabras que hirieron su autoestima y su integridad emocional.

Imagina lo que pudo ocasionar en un niño experiencias de escasez, de soledad, de angustia o el hecho de vivir el divorcio de sus padres o el abandono de uno de ellos. Estas experiencias quedaron marcadas en su corazón y también en su cerebro.

Desde niños nuestra mente fue programada con la información incorrecta.

Ante circunstancias diversas podemos reaccionar de una manera exagerada o «anormal» para otros, sin saber ellos que nuestro cerebro tiene un daño debido a patrones neuronales de dolor.

Estos senderos pueden ser reconstruidos con los pensamientos correctos, sin embargo, no es un proceso que se da de un día para otro. Se necesita una repetición continua y permanente, de la verdad de Dios, que reemplace este patrón de mentiras y malas experiencias, que pueden tener condicionada nuestra conducta y nuestra vida en general.

Estoy seguro de que esto fue lo que pasó con los diez espías incrédulos, pues, en su mente estaba grabada la imagen de Egipto, de escasez y de derrota, la cual impidió literalmente que las puertas maravillosas de abundancia fueran abiertas para ellos.

Cuando Dios quiere traer paz, alegría, gozo y bendiciones abundantes, simplemente no es posible que entren a nuestro sistema de creencias porque hay mentiras que primero hay que derribar. A esto es lo que Dios llama «renovación del entendimiento».

Renueva tu mente para que cambie tu vida.

Renovar significa «quitar lo viejo para poner lo nuevo». En la medida en que la verdad de Dios se manifieste en nuestras vidas, así mismo los pensamientos de fracaso y limitación que nos han acompañado durante mucho tiempo se irán, y podremos construir un nuevo sistema de pensamiento que se alinee a la verdad de Dios.

No es un proceso forzado ni inmediato, pero se da orgánicamente. A medida que nos apoderamos de la verdad de Dios, las mentiras son desmontadas. El ejemplo más claro es cuando a un niño de siete años se le comienzan a caer sus primeros dientes. ¿Cómo se caen? No se caen de un día para otro. Simplemente los dientes de hueso van saliendo lentamente, milímetro a milímetro, durante varios días y semanas, hasta que desplazan a los dientes de leche o antiguos, y no les queda más remedio que caerse. Así, el nuevo diente sale a la luz y toma su posición. De la misma manera todos los pensamientos que Dios diseñó para llevarte al éxito tomarán posesión de tu mente, y a las mentiras que pudieron haberte dominado no les quedará otra opción que salir para siempre.

Al final, la actitud de los diez espías que se quejaron fue la incorrecta. Su manera de actuar bloqueó su entrada a las cosas grandes que estaban listas para ellos.

¡Sus pensamientos forjaron cierta actitud que Dios no resistió! ¿Te has dado cuenta de cómo hay personas cuya actitud ante toda circunstancia siempre es la misma? Actitudes negativas, de queja, de murmuración, siempre tienen una mala cara o un mal comentario. En cambio, hay otros como tú y yo, que hemos decidido tener una actitud diferente, una actitud positiva, de esperanza, la cual estoy seguro hace una gran diferencia.

Esto no significa que no estemos preocupados, que no haya dificultades reales o problemas graves que estemos atravesando, pero sí significa que hemos creído que hay algo mejor para nosotros y que hemos tomado la decisión de adoptar la actitud que hará que finalmente las puertas se abran fácilmente frente a nuestros ojos.

El conjunto de tus pensamientos determina tu actitud ante la vida, y después de todo, lo más importante para triunfar no son los recursos, el dinero, o la preparación, sino la actitud.

La actitud es el sistema de pensamiento, la postura mental con la que una persona afronta las situaciones de la vida.

Al respecto, les preguntaron a quinientos empresarios, de los más exitosos del mundo, en qué basaban su éxito, todos coincidieron en que el principal elemento que determinó su éxito fue la actitud. Todos afrontaron quiebras, abandono, puertas cerradas, cayeron en la bancarrota muchas veces, pero su actitud, estimulada por sus pensamientos de éxito, los llevó a lograr lo que muy pocos logran.

Se calcula que solo el 2 % de los emprendedores cuenta con la actitud y los pensamientos correctos para llegar a lo que otros jamás imaginaron.

Para ilustrar un poco el tema, qué pensarías de una persona que en su trabajo, cualquiera que este sea, tuviera la siguiente actitud: «Tengo el peor trabajo», «trabajo mucho», «mi jefe es insoportable», «hay problemas en todas partes», «nadie me valora», «qué pereza, ¡más trabajo!», «debería tener más tiempo de vacaciones», «mi negocio no arranca», «no sé qué va a pasar».

¿Cómo pudiera una persona con estos pensamientos disfrutar de su trabajo, ser productivo e ir a un nuevo nivel?, ¿sería un buen candidato para un aumento de sueldo o para que se le abran nuevas oportunidades de negocios?

Ahora bien, qué tal se aprecia a otro con estos pensamientos: «Doy gracias a Dios por mi trabajo todos los días, pues, sé que Él me dará uno mejor», «voy a hacer lo mejor que pueda», «Dios me dará favor con mi jefe y abrirá las puertas para un nuevo negocio», «el ambiente de trabajo cambiará si yo estoy presente, seguro será armonioso», «aunque me despidan seré el mejor», «estoy trabajando como para Dios», «lo mejor está por venir».

¡Tu actitud determinará tu altitud! ¿Qué tan alto quieres llegar?, ¿muy alto? Entonces, ¡comienza por cambiar la actitud!

LA PALABRA DE DIOS: UN INSTRUMENTO DE CAMBIO

Si quieres resultados diferentes en tu vida, lo primero que tienes que hacer es cambiar tu mentalidad por medio de la palabra de Dios, que es su verdad para tu vida. Solo así tu actitud será la adecuada, a pesar de las circunstancias adversas por las cuales estés atravesando.

Esa fue la clave del éxito que Dios le dio a Josué para conquistar toda la tierra prometida y derrotar a todos los enemigos que enfrentaría. Veamos lo que dice en la Biblia: «Este libro de la ley no se apartará de tu boca, sino que meditarás en Él día y noche, para que cuides de hacer todo lo que en Él está escrito. Porque entonces harás prosperar tu camino y tendrás éxito. ¿No te lo he ordenado yo? ¡Sé fuerte y valiente! No temas ni te acobardes, porque el Señor tu Dios estará contigo dondequiera que vayas» Josué 1:8-9 (LBLA).

Meditar en la Palabra de Dios es garantía de éxito.

Meditar significa que pensemos en esa idea (la promesa de Dios, la puerta abierta, el nuevo recurso, el nuevo milagro en nuestra familia), una y otra vez constantemente en cada situación que experimentemos en nuestra vida. Es un proceso espiritual, físico y emocional.

En la medida en que medites sobre estos «nuevos pensamientos», en cada circunstancia de la vida, tomarás decisiones asociadas con nuevas conexiones, aumento, avance, nuevas metas, mejores oportunidades y nunca más las asociarás con fracaso, abandono, tristeza ansiedades, pérdida y muchos otros pensamientos que en el pasado pudieron atormentar tu vida.

Finalmente, quiero cerrar este primer capítulo pidiéndote que medites en dos cosas determinantes que Dios le dijo a Josué y que hoy te las dice a ti: «Sé fuerte y valiente, no temas ni te acobardes».

Esto quiere decir que meditar en los pensamientos de derrota traerán más temor a tu mente. Así como tú, yo también lo he vivido, ¿cuántos temores han dominado mi mente, mi corazón y las circunstancias de mi vida, los cuales impedían que se manifestara en mí el nuevo propósito y los nuevos avances?

Pero cuando he sido fuerte y valiente, creyendo que la transformación de mi mente producirá cambios ilimitados, he recibido valentía y fortaleza porque decidí creer en lo que Dios tenía para mí. De doce espías conquistadores, no todos fracasaron. Dos de ellos disfrutaron de grandes bendiciones y aún más de lo que imaginaron. Dios está renovando tu mente porque algo extraordinario viene en camino. ¡Tú y yo somos del equipo de Josué y Caleb en el siglo XXI!

Por un lado, están el temor y la cobardía y, por el otro, la valentía y la fortaleza. Yo escojo valentía y fortaleza, ¿y tú?

Quiero hacer esta declaración contigo y te pediré que la hagas en voz alta, por lo menos los siguientes veintiún días mientras lees este libro. Para esto necesitarás «esforzarte» y regresar a esta página cada día sin importar por cuál capítulo vayas. Repite conmigo durante veintiún días:

Todo temor se va de mi vida,
llegó el tiempo de la fortaleza y de la valentía.
Dios, dime qué pensamientos y actitudes debo cambiar
para que mis circunstancias cambien.
Mi nueva mente, la de Cristo declara que:
No estoy en pánico, estoy bajo esperanza,
no tengo miedo, tengo certeza del amor de Dios,
no le creo a los tiempos de ruina, crisis, ni miseria;
creo que los mejores días son los que vienen por delante,
creo que Cristo vino a darme vida en abundancia
en todas las áreas de mi vida.

Creo que ninguna crisis, ninguna peste, ninguna recesión económica, ninguna crisis mundial, puede invalidar las promesas de Dios.

No le tengo miedo a las enfermedades porque

Cristo se las llevó en la cruz,

no tengo una visión patética del futuro, sino una visión de promesa,

no temo a lo que me pueda pasar porque todavía creo que el Dios poderoso gigante pelea por mí y que lo mejor viene hoy.

2

LA GUERRA ESTÁ EN TU MENTE

Hay una guerra por quién dominará tu mente: ¿la mentira o la verdad?

Quiero que sigamos adelante con los «misterios» que hay en tu mente. Lo primero que quiero que sepas es que el universo de nuestra mente es maravilloso. En ese vasto territorio podemos fabricar los más hermosos sueños y milagros, porque en la calidad de nuestros pensamientos radica nuestro éxito.

Una mente fortalecida es una mente sana, y una mente sana es el resultado de haber aprendido, en este caso, guiados por Dios. Vamos a dominarla, muchas veces a callarla o a obligarla a creer, por nuestro propio bien, con una mejor actitud, porque quiero que entiendas algo: permanentemente hay una guerra en tus pensamientos, pero tal vez hasta ahora no la has reconocido, o quizá la has vivido por mucho tiempo sin que hayas podido identificar de dónde proviene.

Sí, esos pensamientos perturbadores que parecen volar alrededor de nuestra cabeza antes de quedarnos dormidos, justo cuando ya nos fuimos a la cama a descansar, o mientras caminamos rumbo al trabajo o a la universidad, esas inquietantes ideas acerca de todos los pendientes por hacer, aquella preocupación económica, o por los hijos, por la esposa o esposo, por ese proyecto que se está cocinando, así como el resonar de opiniones ajenas que nos punzan como agujas, son múltiples pensamientos que determinan la calidad de nuestra vida y de nuestro estado de ánimo.

Pues bien, sé que no debo convencerte de que esta guerra existe, porque ya lo sabes, la has librado cada día de tu vida, pero la buena noticia es que nosotros, los que caminamos en fe, somos los ganadores y no los pensamientos tóxicos de nuestra mente, que debemos conocer bien.

Lo cierto es que sin saber cuál ha sido tu enemigo, que además proviene de tus propios pensamientos, no podrás ganar nunca esa pugna. Es semejante a lo que dice el dicho: «Soldado preparado no muere en la guerra». Por eso, puedes estar seguro que la posibilidad de ganar la pelea que hay en tu interior es real, y podrás pasar al otro lado, al lado de la victoria.

Remontándonos a la historia bíblica de referencia anterior, creo firmemente que los doce espías que fueron enviados a «conquistar» la tierra que les fue prometida vivieron la misma guerra en sus pensamientos. Yo también la he vivido, tú, nuestros amigos y familiares, y estoy convencido de que todos los seres humanos del mundo la viven a diario. La diferencia está en aquel que sabe pelearla.

Aquellos diez espías que no creyeron fueron traicionados por las ideas que tenían arraigadas en su mente acerca de su pasado, las cuales alcanzaron su presente y bloquearon el futuro que Dios tenía preparado para ellos y que pudo haber estado lleno de grandes éxitos si no hubieran perdido la guerra contra los pensamientos de fracaso.

A ti y a mí nos puede pasar lo mismo, pero este libro llegó a tus manos porque creo que Dios tiene un propósito contigo distinto del que tal vez te puedas imaginar.

Josué y Caleb escogieron ese «plan diferente» que Dios tenía trazado para ellos a pesar de las grandes dificultades que todos enfrentaban.

Números, en el capítulo 14, expresa que: «Entonces toda la congregación levantó la voz y clamó, y el pueblo lloró aquella noche. Todos los israelitas murmuraron contra Moisés y Aarón, y toda la congregación les dijo: "¡Ojalá hubiéramos muerto en la tierra de Egipto! ¡Ojalá hubiéramos muerto en este desierto! ¿Por qué nos trae el Señor a esta tierra para caer a espada? Nuestras mujeres y nuestros hijos van a caer cautivos. ¿No sería mejor que nos volviéramos a Egipto?"».

En el capítulo anterior aprendimos que el éxito y el fracaso comienzan con un pensamiento. Y la verdad es que tanto el uno como el otro comienza con el pensamiento más recurrente y fuerte, el que a nuestro parecer es más convincente, ese que tiene más peso y dominio en todo nuestro sistema de creencias, voluntad, habla y acciones. Veamos esto con la historia-ejemplo.

Los diez espías fueron controlados totalmente por los pensamientos de queja, muerte y desesperanza, aunque Dios tenía algo mejor planeado para ellos. No importó que el Creador hubiera dispuesto todo su «arsenal» de milagros para sacarlos de Egipto con diez plagas terribles, que hubiera abierto el mar Rojo en dos y ahogado a todo el ejército de Faraón, que los hubiera sostenido en el desierto sacando agua de la roca y protegiéndolos de sus inclemencias. Inclusive, les enviaba alimento «celestial» cada día (el maná).

Nada de eso pudo ganarle la batalla al pesimismo que se libró en sus mentes. Había en ellos un pensamiento cargado de miedo que los hizo creer que antes estaban mejor, que preferían su pasado de esclavitud a un nuevo destino incierto que se mostraba hostil a simple vista.

Con los prodigios Dios les estaba anunciando la grandeza que venía, les estaba diciendo a voces que todo iba a estar bien, que si Él estaba con ellos solamente cosas buenas les venían, pero prefirieron pensar conforme siempre lo habían hecho, de la vieja forma que conocían: con la queja y el temor.

Hay una guerra que va a dominar tu sistema de pensamiento, es allí donde comienza la victoria o la derrota, y necesitas decidir a cuál de los dos grupos de pensamientos les darás más fuerza.

¿DÓNDE INICIA ESTA GUERRA?

La guerra de la mente es primeramente espiritual. Las escrituras nos enseñan que viviremos en conflicto entre dos reinos o ejércitos. El reino de la luz, que gobierna

Jesús; y el reino de las tinieblas o de la mentira, que es liderado por el padre de mentira, Satanás. Porque así le llamó Jesús al diablo, «padre de mentira».

Juan 8:44 (NBL) dice lo siguiente: «Ustedes son de su padre el diablo y quieren hacer los deseos de su padre. Él fue un asesino desde el principio, y no se ha mantenido en la verdad porque no hay verdad en Él. Cuando habla mentira, habla de su propia naturaleza, porque es mentiroso y el padre de la mentira».

Ahora bien, si Satanás (a quien no le daremos protagonismo ni mayor importancia en este libro), es el padre de mentira conforme lo dice la Palabra, y le interesa que creamos sus mentiras constantemente, ¿cómo vamos a confiar en Él cuando es enemigo de la verdad?, ¿acaso podemos confiar en alguien que únicamente dice mentiras?

Debes tener en cuenta que Él quiere mantenerte confundido con mentiras porque sabe que lo que tú pienses continuamente, en eso te convertirás, eso obtendrás y hasta allí llegarás, porque eso será lo que vas a creer, a declarar o lo que vas a decir. Será tu realidad.

El mismo Jesús fue tentado a pensar diferente a la verdad de Dios. Cuando tuvo hambre fue llevado al desierto y el «padre de mentira» lo tentó. Intentó cambiar sus pensamientos por medio de la sugestión, intentó influir en su sistema de pensamiento. Sin embargo, Jesús respondió de la manera adecuada: «... escrito está: No solo de pan vivirá el hombre, sino de toda palabra que sale de la boca de Dios» Mateo 4:4 (RVR 1960).

El Maestro nos enseñó este secreto: que debemos rechazar con la verdad de Dios toda mentira que venga a nosotros para armar una guerra en nuestra mente. Su verdad es lo que nos dará el triunfo en cada crisis que enfrentemos.

Con Adán y Eva sucedió lo mismo en el huerto del Edén. La serpiente le dijo a Eva que Dios les estaba escondiendo algo, que ellos podían ser y hacer muchas cosas sin obedecer a Dios, y de esta manera influyó en sus pensamientos, y a su vez ella influyó en los pensamientos de su marido. Fue una guerra de pensamientos que terminó con Adán y Eva fuera del huerto del Edén y destinados a una vida de maldición.

Hay una guerra en tu mente, y las tinieblas están utilizando como estrategia el poder de la sugestión, y como arma, las mentiras. En otras palabras, para cada promesa y verdad de Dios en tu vida, el sistema de mentiras tiene la versión opuesta.

Es impresionante lo que puede hacer nuestra mente al creer una mentira como algo que es cierto. No importa que la gente que está a nuestro alrededor sepa que «no es verdad», lo que estamos creyendo para nosotros es una realidad absoluta.

Déjame que te cuente una anécdota a propósito de esto. Nuestra familia vivió una experiencia muy desagradable con mi suegra, Marlene, la mejor suegra del mundo.

Un día cualquiera le apareció un grano en el dedo pequeño de uno de sus pies. Fue a hacerse un examen y el doctor le dijo que había que retirarlo, cosa que así hicieron, pero que de todas maneras había que hacerle una evaluación más profunda para descartar cualquier daño adicional.

Días después ella fue a recoger el examen, y ¡oh, sorpresa! El resultado arrojó que había células cancerígenas en esta especie de lunar que le habían quitado del dedo del pie.

El desánimo apareció de inmediato y el nerviosismo se apoderó de toda la familia, teniendo en cuenta que una de las hermanas mayores de mi suegra había fallecido de cáncer años atrás.

Recuerdo que rápidamente le hicieron exámenes del tórax a mi suegra, y de todo su cuerpo para verificar que el cáncer no se hubiera expandido.

Durante esa semana mi esposa fue a la casa de su mamá y la encontró llorando detrás de la puerta del cuarto. Estaba muy triste, su ánimo estaba completamente decaído y manifestaba que se sentía muy mal. Tenía la sensación de que el cáncer ya estaba esparciéndose por todo su cuerpo.

La situación fue muy preocupante. Un día, llorando, se despidió de sus nietos, mi hija Isabella y mi sobrino Samuel, que estaban muy pequeños. Pero luego de que justamente mi esposa me contara esto, yo tuve una sensación y una idea que vino a mi mente. Le sugerí a mi esposa que fueran a la clínica a verificar el examen, pues no me parecía normal que un pequeño lunar pudiera estar causando todo ese mal.

Para alegría de todos, cuando fueron a corroborar los resultados en la clínica, los doctores se disculparon, pues habían cometido un error, le entregaron el examen de otra persona a mi suegra. El examen original, «el verdadero», reflejaba que no había nada malo en ella, que estaba completamente sana.

Lo curioso es que de manera inmediata los síntomas del supuesto cáncer desaparecieron, la tristeza se fue y todos quedamos felices.

Pero ¿cómo aparecieron los síntomas en mi suegra?, ¿por qué sentía que ya tenía cáncer en todo su cuerpo si en realidad no tenía nada?, ¿cómo pudo llegar a ver como una realidad la posibilidad de morirse, al punto de despedirse de sus nietos? Pues su mente había recibido como una realidad este hecho y estaba causando estragos.

Como hombres y mujeres de fe, lo que más debemos cuidar son nuestros pensamientos, y hacer que se vayan afuera cada vez que vengan algunos que no están alineados con la verdad de Dios. ¡Echemos fuera de nuestra mente, en el nombre de Jesús, los pensamientos falsos!

Déjame darte otro ejemplo. ¿Sabes qué hicieron las autoridades de EE. UU. para contrarrestar la falsificación de dólares? Durante mucho tiempo habían cometido el error de estudiar los dólares falsos, pero, un día decidieron dedicarse a estudiar el dólar verdadero, su color, su textura, cómo se sentía en las manos. Entrenaron gente que se volviera experta en conocer el «verdadero dólar», el que fabricaba el gobierno, el original.

Después de un tiempo de entrenamiento, estos expertos podían sacar de entre un diverso número de billetes cuáles eran los falsos, pues, conocieron profundamente al verdadero, de esta manera, cada vez que aparecía un billete falso, lo identificaban rápidamente, su conocimiento del verdadero estaba profundamente grabado en todos sus sentidos. El dólar falso ya no podía engañarlos.

Con nuestra mente pasa exactamente lo mismo. Lo que sucede es que, a causa de falsas enseñanzas, malas experiencias, dolores, abusos y mentiras que fueron sembradas en nuestros corazones por mucho tiempo, y que después se convirtieron en nuestra verdad, se levantaron paradigmas que quedaron grabados en nuestra mente, para renovarnos necesitamos la «versión verdadera» de todo lo que nos ha ocurrido en la vida.

Creo que hasta aquí el mensaje va desgajándose de manera vertiginosa, se va dejando ver cada vez con mayor claridad: renueva tu mente y alinea tus pensamientos a la verdad de Dios, que siempre es mejor que cualquier cosa que hayas aprendido de una forma diferente a lo largo del camino. Créeme que te va a resultar 100 % mejor.

Yo decidí ganar la batalla que me mantuvo en derrota durante muchos años. ¿Harás tú lo mismo?

LA CULTURA Y NUESTRO SISTEMA DE CREENCIAS

La cultura que nos rodea también influye en nuestro sistema de creencias. No es lo mismo el sistema de pensamiento de alguien que creció en Oriente que en Occidente, y no es igual la cultura de EE. UU., que la de Latinoamérica. Todos estos factores debemos tenerlos en cuenta al momento de «renovar nuestra mente».

En mi caso tuve que reconocer que la «mentalidad latina» nos inclina a autodenominarnos víctimas, a creer que todo nos lo deben regalar, sobre todo el gobierno, que no tenemos la culpa de vivir en países pobres, y que alguien diferente a nosotros debe solucionarnos los problemas, y que los gobiernos de «extrema», en todos los sentidos, son la solución a los problemas de nuestra sociedad.

Recuerdo algo que siempre me decía mi abuelo, Enrique Glenn, el Mono, como le decíamos de cariño porque era rubio, de ojos azules y muy bien parecido: «Ivancito, nosotros somos muy bien parecidos, tenemos muy buena presencia y muy buen apellido, lo único que nos falta es plata». Mi abuelo me dijo eso muchas veces y yo pensaba muy profundo en mi corazón, que si Él lo decía debía ser así.

Siempre lo vi agonizar por falta de dinero, pues su pensión no fue suficiente para vivir dignamente, así que cada vez que iba a cobrarla, la cambiaba en los billetes de menor denominación porque le gustaba sentir que tenía bastantes billetes en su bolsillo. Inmediatamente llegaba a la casa, me regalaba lo suficiente para comprar dulces o merienda.

¿Te imaginas lo que produce en el cerebro de un niño de siete años un mensaje de carencia como este?, ¿qué puede pasar con los que fueron abusados, los que fueron maltratados y les dijeron una y otra vez que no servían para nada, aquellos que recibieron golpes, abandono, falta de amor y de expresiones de cariño? El daño en la «programación» del sistema de pensamiento de esos niños puede ser incalculable.

Los expertos en psicología evolutiva y los neurólogos afirman que el 80 % de lo que un ser humano aprende lo ha absorbido en los primeros siete u ocho años de vida. Esta es la razón por la que Dios nos «ordena» literalmente que instruyamos a los niños en su Palabra desde muy temprano, en su promesa, para que cuando crezcan no se aparten de Él. Quiere decir que Dios nos preparó para ser «programados» con sus diseños desde pequeños.

Proverbios 22:6 (LBLA) lo dice textualmente así: «Instruye al niño en el camino que debe andar, y aun cuando sea viejo no se apartará de Él».

Y en 2 Timoteo 3:15 (RVR 1960) lo complementa de esta manera: «Desde la niñez has sabido las Sagradas Escrituras, las cuales te pueden hacer sabio para la salvación por la fe que es en Cristo Jesús. Toda Escritura es inspirada por Dios y útil para enseñar, para reprender, para corregir, para instruir en justicia, a fin de que el hombre de Dios sea perfecto, equipado para toda buena obra».

Vemos que, en el libro de Proverbios, Dios nos da este gran secreto: nuestra mente es programada desde niños para el resto de la vida. Luego vemos que Pablo le dice Timoteo, su discípulo, que Él es un ejemplo de cómo las enseñanzas de los principios espirituales lo formaron como un hombre lleno de sabiduría y de inspiración para muchos.

Entonces, desde este punto de vista, una forma de redimir a nuestras generaciones de la agresión de una civilización que no está alineada con principios saludables, para la conciencia colectiva e individual de los pueblos, es a través de la pronta enseñanza de la palabra de Dios, tal como nos lo asegura la Biblia. En ella se encuentra todo lo que necesitamos para aprender a lidiar con esa mente que parece que nos llevara la contraria constantemente.

Pero hacer lo contrario —evadir las sagradas enseñanzas— puede traer consecuencias devastadoras, como se representa en Amós 2:4 (LBLA), que revela: «Así dice el Señor: por tres transgresiones de Judá, y por cuatro, no revocaré su castigo, porque desecharon la ley del Señor y no guardaron sus estatutos; también les han hecho errar sus mentiras, tras las cuales anduvieron sus padres».

En el libro de Amós vemos cómo las «mentiras» de los padres pasaron a las siguientes generaciones y trajeron caos. ¿Cuántas mentiras aprendimos de nuestros padres y abuelos que nos llevaron a un estilo equivocado? Mentiras que recibimos creyendo que eran lo correcto, pero que nos llevaron por el diseño de vida equivocado. Mentiras que nos condujeron a creer en una paternidad irresponsable, en la escasez, en ser soberbios y altivos, en vivir una vida llena de discordia y pleito, en creer que somos autosuficientes y que podemos vivir alejados de Dios; mentiras que nos llenaron de religiosidad, mentiras de una vida de alcoholismo, droga o cualquier tipo de adicciones; mentiras que nos enseñaron que valemos por el apellido, la profesión o el estrato social.

¿Cuál de las mentiras de tus padres atraparon tu mente? Hoy mismo puedes comenzar a renunciar a ellas sin importar lo que fue sembrado en tu interior en tus primeros años de vida.

La buena noticia es que podemos renovar este tipo de pensamientos y reemplazarlos por los correctos, por aquellos que nos llevarán a un nuevo destino, a la «versión verdadera».

LAS «BUENAS» EXPERIENCIAS Y NUESTRA MENTE

Otro de los obstáculos que podemos encontrar para renovar nuestra mente, y que se puede convertir en una guerra al momento de querer avanzar son las «buenas» experiencias.

Todo aquello que hemos aprendido, y que nos ha dado buenos resultados en ciertos momentos de la vida, puede ser enemigo de lo nuevo, pues, nos acostumbramos a hacer las cosas de la misma forma, como dentro de un molde, y cuando un procedimiento no encaja en ese molde, lo rechazamos.

Seguramente te ha pasado como a mí, que nos acomodamos en muchas áreas de nuestra vida a hacer las cosas de cierta manera y, cuando vienen cambios, tendemos a rechazarlos porque causa incomodidad, pero sobre todo porque requiere de nosotros una nueva manera de pensar.

Esto le pasó a Zacarías, padre de Juan el Bautista, y a María, la madre de Jesús, recibieron una noticia extraordinaria. Un ángel vino a anunciarles que tendrían un hijo, y en ambos casos era un milagro. La esposa de Zacarías, Elizabeth, era avanzada en edad y estaba estéril hasta este momento, y María era virgen, es decir, nunca había estado sexualmente con ningún hombre.

Zacarías, que era sacerdote (y además era experto en lo que hacía) y, por lo tanto, conocía el ambiente sacerdotal, de oración, de la palabra, la presencia de Dios, a pesar de estas cosas, dudó cuando recibió la noticia de que su esposa iba a quedar encinta.

Por castigo a su incredulidad, ¡el ángel tuvo que sellar su boca hasta el día del nacimiento de su hijo! Cuando nació el bebé, pudo hablar otra vez.

La pregunta es: ¿por qué tuvo que dudar Zacarías si el ángel lo que hizo fue darle la buena noticia de que lo que Él estaba pidiendo iba a ser posible? Creo que estaba ya acostumbrado a esa situación y cuando el milagro quiso entrar en su sistema de pensamiento, se produjo una guerra entre su razonamiento natural (la imposibilidad de tener un hijo) y la buena noticia del milagro.

Por otro lado, María le respondió al ángel: «Hágase conmigo conforme a tu palabra». Simplemente recibió lo que se le había anunciado y creyó que era una posibilidad, a pesar de que su milagro iba a ser un escándalo porque escapaba de las capacidades naturales, ya que era imposible en aquel tiempo tener un hijo sin el coito.

A pesar de eso, el Espíritu Santo haría la obra. Y ella creyó. Veo que el sistema de pensamiento de María no estaba programado por la experiencia ni por paradigmas, era más joven, era virgen físicamente y en su mente. El milagro fue recibido.

Proverbios 30:32 (NVI) dice que: «Si has sido necio en ensalzarte, o si has tramado el mal, pon la mano sobre tu boca».

Zacarías pensó y habló de una manera que lo llevó a ser corregido por el ángel. María pensó y habló de otra manera, una que la llevó a recibir el milagro inmediato.

Es tan importante lo que hablas en los momentos de crisis, que el libro de Proverbios nos invita a «tapar nuestra boca» si estamos a punto de hablar lo equivocado como consecuencia de haber perdido la batalla en nuestros pensamientos.

Esto sucedió con los diez espías que cayeron derrotados, y también le pasó a Zacarías. No pudieron ganar la batalla en su mente en contra de los pensamientos de fracaso y su boca literalmente botó la basura que llegó a los oídos de Dios.

Como María, necesitamos simplemente creer lo nuevo, aunque sea muy diferente del conocimiento que tenemos acumulado, no dejemos que las experiencias del pasado nos traicionen y nos hagan desperdiciar las nuevas oportunidades que están enfrente de nosotros.

UNA BATALLA PERSONAL

Cuando tuvimos nuestro segundo bebé, Ana Sofía, falleció a los tres días de nacida. Mi esposa tuvo un embarazo de alto riesgo y a pesar de que los médicos nos recomendaron que mi mujer abortara, decidimos no hacerlo y esperar el tiempo de Dios y su voluntad.

La niña nació a los seis meses de embarazo, después de haber vivido un proceso largo de tres meses en los cuales hicimos todo lo humanamente posible para evitar su fallecimiento y el de mi esposa.

Fue una experiencia durísima para nosotros, pero tuvimos mucha paz al saber que hicimos todo lo que estuvo a nuestro alcance para salvar su vida, y que Dios definió cómo terminaría todo.

Después de dos años mi esposa quedó nuevamente embarazada de otra niña. Ella representó la restitución de Dios para nuestras vidas, pero ¿sabes qué paso? Al octavo mes de embarazo mi esposa sintió un fuerte dolor en su vientre y tuvimos que ir a la clínica de emergencia.

Los nervios descontrolados nuevamente se apoderaron intensamente de nosotros. No queríamos volver a vivir una experiencia como esa, no queríamos estar nuevamente de clínica en clínica, en tediosos exámenes diarios, en consultorio, en laboratorios y, finalmente, perder otro bebé. Fue una guerra muy fuerte en nuestras mentes y en nuestras emociones. Yo trataba de fortalecer a mi esposa, pero creo que estaba más nervioso que ella.

Rápidamente llegamos a la clínica y comenzaron a hacerle todo tipo de exámenes y el intenso dolor permanecía. Mientras tanto, dentro de nuestra psique nuestros pensamientos eran punzantes y tormentosos. «Van a perder nuevamente el bebé como la vez anterior», nos decía nuestra mente.

La experiencia traumática que habíamos vivido se había grabado en nuestros cerebros y en todo nuestro ser. Percibir el olor de las clínicas, ver a las enfermeras y los aparatos médicos para realizar los exámenes nos transportaba a dos años atrás, a los anteriores momentos dolorosos y nos hacía sentir exactamente las mismas emociones. Fueron varias horas de guerra mental.

Después de un tiempo todo volvió a la calma. Nuestra preocupación no tenía un fundamento real. Los exámenes arrojaron que la niña estaba en perfecto estado, pero mi esposa tenía una infección urinaria y, por eso, tenía ese dolor. Un poco de antibiótico y otros medicamentos quitarían la molestia rápidamente. Ese mismo día volvimos a la casa, pero el susto fue bastante grande.

Fue un día que marcó mi vida, pues me di cuenta de que a pesar de que he vivido momentos dolorosos y experiencias negativas, no siempre tienen que repetirse. Aprendí a dominar mi mente y a no dejar que los eventos pasados marquen mi presente y mi futuro.

Cuando Dios nos da una promesa o simplemente vamos por un nuevo proyecto y el milagro llega a nuestras manos, seguramente vendrá la duda, nuestro razonamiento intentará traicionarnos, las opiniones de los demás también nos podrán sacar del camino, y los recuerdos dolorosos que vienen a nuestro corazón de experiencias negativas podrán convertirse en el armamento de guerra que impedirá que lleguemos a la cima. Pero si renovamos nuestro entendimiento, podremos decir: ¡Hágase conmigo conforme a tu promesa! Nos podremos apropiar de la «versión original».

Cuando comenzamos el ministerio, Dios habló a mi corazón y me dio una visión muy grande para ese momento. La visión mostraba que iba a predicar a miles de personas, que viajaría a las diferentes ciudades del mundo a enseñar en distintos continentes, que miles nos verían por TV...

Pero en el momento en que Dios estaba poniendo ese pensamiento en mi mente yo no tenía nada, mi esposa estaba enferma con embarazo de alto riesgo, no tenía casa, no tenía carro, no tenía dinero, no tenía salario, estaba endeudado. Además, vivía en casa de mi suegra en un cuarto que amablemente y con mucho amor nos dieron.

Era algo demasiado grande para que mi mente lo aceptara, pero preferí creer la verdad de Dios y hacer un espacio en mi mente un poco aturdida con tantos problemas, para dar paso a todo lo bueno que venía.

Hoy todas esas cosas que Dios me prometió se han cumplido una por una, pero el resultado se vio más cerca cada vez que tomé la decisión de renovar mis pensamientos sin importar cuán difíciles eran las circunstancias en ese preciso momento.

Te aseguro que, si cobras ánimo y crees por algo diferente en este mismo instante, muchas cosas comenzarán a cambiar hoy mismo. Después entendí que Dios me mostró esa visión en ese momento porque estaba pasando por una de las circunstancias más difíciles de mi vida, y me quería dar ánimo.

Persevera en la versión original, en la versión verdadera.

Filipenses (versión NBLA, 4:6) dice que: «Por nada estén afanosos, antes bien, en todo, mediante oración y súplica con acción de gracias, sean dadas a conocer sus peticiones delante de Dios. Y la paz de Dios, que sobrepasa todo entendimiento, guardará sus corazones y sus mentes en Cristo Jesús. Por lo demás, hermanos, todo lo que es verdadero, todo lo digno, todo lo justo, todo lo puro, todo lo amable, todo lo honorable, si hay alguna virtud o algo que merece elogio, en esto mediten».

Tenemos que proteger nuestra mente de los pensamientos tóxicos, de tristeza, de pobreza, de escasez, de derrota, de limitación y de enfermedad, que han afectado nuestra vida. Tenemos que «meditar» una y otra vez en lo bueno que Dios tiene para nuestra vida.

La palabra de Dios es la «versión verdadera», o la «versión original». Este es otro de los secretos que nos ayudan a mantener un sistema de pensamiento equilibrado y lleno de paz. Pero ten en cuenta algo, que el libro de Filipenses dice que debe hacerse «intencionalmente».

Nuestro trabajo al final de cada jornada, crisis o desafío, es pensar como Dios y hablar como Dios. Jesús dijo: «Mis palabras son espíritu y son vida». Lo que esto quiere decir es que lo espiritual domina lo natural. Cuando piensas de la manera correcta, tú vas a hablar de la manera correcta, entonces, debes estar seguro de que algo extraordinario va a suceder.

LA PAZ Y SU CAPACIDAD DE SANAR LOS PENSAMIENTOS

La Biblia dice en Isaías 26: 3 (RVR 1960): «Tú guardarás en completa paz a aquel cuyo pensamiento en ti persevera porque en ti ha confiado».

La paz es el resultado de una mente que permanece constantemente nutrida por la verdad y las promesas de Dios. Pero su paz no es una paz que depende de lo externo, es la paz que produce su bendición sobre nuestras vidas y esto comienza en nuestra mente.

Es la paz que viene como resultado de perseverar, es decir, de creer una y otra vez, de meditar continuamente en la verdad de Dios, en su bondad y en sus planes maravillosos para nuestra vida.

Proverbios 3:1 (RVR 1960) nos insta: «Hijo mío, no te olvides de mi enseñanza, y tu corazón guarde mis mandamientos, porque largura de días y años de vida y paz te añadirán. No seas sabio a tus propios ojos; teme al Señor y apártate del mal. Será medicina para tu cuerpo y alivio para tus huesos».

Esto es tremendo, Proverbios nos enseña que ¡¡¡la palabra de Dios es medicina para nuestro cuerpo!!! ¡Ella cambia nuestro sistema de vida corporal, mental y emocionalmente! Necesitamos sanar nuestra mente, pues, muy probablemente se enfermó por haberla alimentado inadecuadamente.

He notado que meditar o pensar demasiado en las malas noticias y en los reportes del mundo trae afán, ansiedad y preocupación a mi vida, pero cuando medito en la palabra de Dios, que son buenas noticias, toma mi imaginación y me llena de completa paz.

2 Corintios 10:4 (RVR 1960) nos revela lo siguiente: «Porque las armas de nuestra guerra no son carnales, sino poderosas a través de Dios para derribar fortalezas. Derribando las imaginaciones, y cada cosa alta que se exalta contra el conocimiento de Dios, y llevando cautivo todo pensamiento a la obediencia de Cristo».

Pablo explica en estos versículos la guerra que vivimos diariamente, y es una guerra espiritual en nuestros pensamientos. Dice que la batalla es por derribar imaginaciones o «murallas» que se levantan en contra de la verdad de Dios para nuestras vidas.

La solución es que aprendas a reemplazar esos mensajes que están «grabados» en tu sistema de creencias y llevarlos presos, cautivos, dominados por la nueva verdad de Dios. Solo así podrás disfrutar de una mente creativa, sana y lista para imaginar lo ilimitado y grande de Dios para ti. Solo así podrás ser libre de la guerra que atormenta tu mente.

Apóyate en lo que dice Juan 8:32: «Conocerán la verdad, y la verdad los hará libres».

Parece natural o más fácil no creer. Hay gente que cuando Dios les da una promesa de algo grande, les parece una locura. Dios les dice: «Te voy a dar un nuevo matrimonio», «te voy a dar una casa propia y sin deuda», «te voy a dar una empresa». Y luego ellos responden: «Pero si no tengo un empleo».

Ojalá pudieran creer diez veces más de lo que dudan, porque nunca será posible lo que Dios les ha prometido si no cabe en su sistema de creencias y si no está al alcance de su imaginación.

¿Recuerdas que Dios dice que sus planes son mucho más grandes que los nuestros? Entonces, si Dios quiere pensar a través de ti, te va mandar a hacer algo que es imposible de hacer aparentemente. Si te mandó a hacer algo que cualquiera puede hacer, entonces, Él no necesita meterse.

Finalmente, déjame recordarte algo de manera conclusiva, tu mente está directamente conectada con el mundo de la fe y lo sobrenatural. La mayoría de los órganos de tu cuerpo trabajan con algo físico. Las venas y el corazón con sangre, los pulmones con aire, el estómago con comida, pero tu mente trabaja con algo invisible, con algo espiritual: pensamientos.

Tu mente fue diseñada por Dios para ser alimentada con la nutrición correcta, que son los pensamientos de Dios englobados en su Palabra.

Cuando alineas tu mente con la Palabra, que es el pensamiento de Dios, esto produce fe, y la bendición queda disponible para que se cumpla lo que te fue dado en la promesa y se traslade del mundo sobrenatural al natural.

Por ejemplo, pensar como esclavo es diferente a pensar como hijo. Y aunque seas hijo, si piensas como esclavo, vivirás como esclavo. En la Biblia la esclavitud es sinónimo de inmadurez. Y madurez es llegar a pensar como Dios piensa en cada a área de nuestras vidas.

Si te atreves a pensar como hijo de Dios y a renovar tu mente, esta se convertirá en tu sistema inmunológico espiritual y vivirás cosas poderosas e increíbles, pues, pensar como Dios piensa permite que su poder se manifieste en tu vida.

¡Las mentiras ya no tendrán más poder sobre ti porque serás un creyente con mentalidad renovada!

No lo olvides, fuimos llamados a operar en un nivel muy superior a los que operan de acuerdo con el sistema del mundo (sus mentiras). Si crees esto, tendrás éxito en tus finanzas de forma sobrenatural, tendrás conexiones con resultados sobrenaturales, proyectos sobrenaturales, provisión sobrenatural y mucho más, porque tus pensamientos serán sobrenaturales.

Sigamos adelante en este desafío y termina este segundo capítulo haciendo las declaraciones del primer capítulo y haciendo otras tareas que te recomiendo para avanzar rápidamente en la victoria de la guerra que vive tu mente.

Quiero que tengas confianza en que ¡hay victoria! Cosas extraordinarias vas a aprender en los siguientes niveles.

EJERCICIO

Responde las siguientes preguntas después de reflexionar en ellas:

- ¿Qué pensamientos son los que atacan tu mente constantemente? ¿Por qué?

- ¿Qué mentiras que fueron transmitidas por tus padres o por tus autoridades puedes identificar como perjudiciales para tu presente y tu futuro?

- ¿Qué pensamientos traen paz a tu corazón cuando meditas en ellos? Escribe por lo menos cinco.

EJERCICIO PARA RENOVAR TU MENTE

Ahora haz las declaraciones del primer capítulo en voz alta y utiliza el código QR que te presento a continuación para seguir avanzando en esta jornada.

EL PODER DE TU IMAGINACIÓN

3

Dios quiere pensar a través de ti.

TODO EMPIEZA EN LA IMAGINACIÓN

odo milagro comenzó con una idea que alguien imaginó. Para llegar a una meta antes hay que trazarla, para alcanzar un objetivo antes tenemos que visualizarlo y recrear en la mente sus singularidades. Esto es posible porque Dios nos ha entregado a los humanos una virtud que ningún otro ser tiene sobre la tierra: la creatividad.

Nuestra mente tiene la capacidad de crear ideas, proyectos y sueños ilimitados. Sin ir tan lejos, todo lo que el hombre ha querido lo ha alcanzado, inclusive llegar a otros lugares interplanetarios, hemos llegado a la Luna, hemos llegado al confín del mundo y a lo más recóndito del mar.

En el Libro de los Salmos 126:1 (LBLA) dice que: «Cuando el Señor hizo volver a los cautivos de Sion, éramos como los que sueñan. Entonces nuestra boca se llenó de risa, y nuestra lengua de gritos de alegría; entonces dijeron entre las naciones: grandes cosas ha hecho el Señor con ellos. Grandes cosas ha hecho el Señor con nosotros; estamos alegres».

Este pasaje del Libro de los Salmos nos muestra la capacidad para soñar e imaginar que hay en nosotros. Cuando dice «Dios nos sacó de la cautividad», se refiere a la habilidad que podemos desarrollar cuando no estamos «presos» por los paradigmas o las ideas que nos cegaron y nos encerraron en una manera de pensar limitada. Lo que quiere decir que para soñar con libertad primero tenemos que ser libres nosotros de todo aquello que nos impida creer que será posible, que se cumplirá.

Pero ¿qué pasaría si todo lo que imaginamos se pudiera volver realidad? Ahora te pregunto a ti, estimado lector, ¿te atreverías a soñar más alto? No puedo asegurarte que todo lo que imagines se vaya a cumplir, pero sí te puedo prometer que es una realidad espiritual. Todo aquello que la mente de Dios pone en nuestros corazones ya es real.

Creo, sin duda alguna, que Dios quiere pensar a través de nosotros, pero necesita una mente que esté dispuesta y disponible para hacer cosas grandes.

¿Quieres cosas grandes de Dios? Sueña cosas grandes con Dios.

Cuando era niño soñaba constantemente con ser un futbolista famoso o un cantante. Con el paso de los años me di cuenta de la «realidad». No era el mejor futbolista del mundo y mi voz no era la de Frank Sinatra. Así, ese sueño nunca se hizo realidad. Las circunstancias de la vida me limitaron, y de manera personal, hoy sé que Dios tenía otros propósitos conmigo.

Pero la gran pregunta es: ¿cuántos sueños que Dios tiene para nosotros hoy, no se han hecho realidad?, ¿existe la posibilidad real de que se cumplan por imposibles que parezcan a nuestra mente? La verdad es que sí.

Aunque sea imposible para nuestro pensamiento «natural», es posible para Dios.

A propósito de esto, Proverbios 4: 23 (RV 1960) dice: «Sobre toda cosa guardada, guarda tu corazón, porque de Él mana la vida. Con toda diligencia guarda tu corazón, porque de Él brotan los manantiales de la vida» (versión NBLA).

El corazón, palabra que proviene del latín *cor, cordis*, que, a su vez, procede del griego *kardia (mente)*, es la fuente de la imaginación, de las ideas y de la creatividad.

El libro de Proverbios nos muestra que cuando nuestra mente es cuidada, es decir, alimentada con los pensamientos correctos, puede ser una fuente de «manantiales», y se refiere a todas esas grandes cosas que podemos producir a través de nuestra imaginación que, literalmente, son manantiales en medio de un mundo desértico.

Cuando ponemos la mente (el corazón) en las manos de Dios, viene a nosotros lo que en la Biblia se llama «visión», es decir, los sueños de Dios. Toda obra maestra, todo gran proyecto, todo negocio, toda empresa, primero nace con un sueño que Dios pone en el corazón del hombre. Cuando nosotros no soñamos, no tenemos visión, por lo tanto, no vamos a ningún lado.

Tu imaginación puede convertirse en una fábrica de derrota, muerte y desolación, o en una fábrica de milagros si te asocias con el Espíritu Santo. Eso sí, el requisito es dejar la razón a un lado, por unos instantes, y hacer uso de la mentalidad de milagros que Dios ha dispuesto para ti.

1 Corintios 2:14 (RVR 1960) expresa lo siguiente: «Pero el hombre natural no percibe las cosas que son del Espíritu de Dios, porque para Él son locura, y no las puede entender, porque se han de discernir espiritualmente. En cambio, el espiritual juzga todas las cosas; pero Él no es juzgado de nadie. Porque, ¿quién conoció la mente del Señor?, ¿quién le instruirá? Mas nosotros tenemos la mente de Cristo».

Lo que dice Pablo en este pasaje es que tenemos la mente de Cristo en potencia. Esto significa que tenemos una mentalidad que tiene la capacidad de ver milagros, que piensa en milagros, cree milagros, habla milagros y desarrolla acciones milagrosas.

Fuimos hechos a imagen y semejanza de Dios, es decir, con la capacidad sobrenatural para ser como Él y actuar como Él. Pues bien, si podemos pensar como Dios lo hace, gozamos de una de las características de nuestro Dios, que es «creador».

Nuestra imaginación puede ser nutrida por el mundo —las vivencias diarias que traen malas noticias, por ejemplo—, por nuestros deseos, por los consejos de los malos, por las mentiras o por el Espíritu Santo.

¡Es una decisión que debes tomar hoy! Y estoy seguro de que es otra de las razones por las cuales estás leyendo estas líneas. Dios quiere llevarte a un nuevo nivel, a una nueva estación, a una nueva familia, a nuevos niveles de finanzas y más, pero este proceso inicia pensando e imaginando como Dios imagina para ti.

En párrafos anteriores vimos cómo el «padre de mentira» intenta confundirnos y controlar nuestros pensamientos, pero ¿por qué? Porque quiere mantenerte fantaseando lo incorrecto para que no sueñes, porque Él sabe que lo que tú imagines constantemente es en lo que te convertirás, eso conquistarás.

Lo que proyectemos con determinación constante se cumplirá. Nuestra imaginación puede derribar las barreras o murallas que nos han sido puestas y crear posibilidades infinitas.

Génesis 11:6 (LBLA) lo confirma de esta manera: «Y el Señor dijo: He aquí, el pueblo es uno, y todos tienen un solo idioma; y esto comienzan a hacer: y ahora nada les será restringido, lo que se han imaginado hacer».

Cuando los hombres quisieron construir la Torre de Babel, dijeron: «Hagámonos una torre que llegue hasta el cielo y seamos como Dios». Era una generación perversa, apartada del Señor y con planes maléficos en sus corazones, pero tenían una virtud: imaginaban en grande y hablaban un mismo idioma. Se habían puesto de acuerdo y comenzaron a construir algo imposible, solo que sin el consentimiento del Padre.

Dios mismo dijo: «Nada los podrá detener de lo que han imaginado». *¡Woooow!* ¡Qué lección! Dios mismo tuvo que bajar y confundirlos y cambiarles el idioma, para que no se entendieran entre ellos, y fue la única manera de frenar este gran proyecto.

exactamente pasa lo mismo con muchos de nosotros, no nos ponemos de acuerdo con Dios en lo que hemos decidido hacer.

AUNQUE OTROS NO CREAN, MANTÉN TU SUEÑO EN PIE

La mayoría de las veces no vamos a encontrar gente que esté de acuerdo con nuestro proyecto. ¿Qué vamos a hacer? Mi recomendación práctica es que nos acoplemos a la idea de Dios. ¡Dios y nosotros somos mayoría!

Harry Styles, un joven cantante muy famoso en la actualidad, fue al programa *The X Factor*. Cuando se presentó era muy joven, entonces le dijeron que no tenía le experiencia, la edad, ni la voz para seguir adelante o ser un gran cantante. Para fortuna de Harry, no hizo caso a estas apreciaciones y siguió adelante. Años más tarde, ganó el Grammy y hoy es conocido como uno de los artistas más exitosos, con millones de reproducciones en todas las plataformas a nivel mundial un día después de sacar una canción. Es un fenómeno musical, es todo un éxito como cantante, es toda una estrella. Pero ¿qué hubiera pasado si Harry no hubiese seguido soñando e imaginando? A Shakira, otra gran cantante difícil de igualar y, además, barranquillera, la sacaron del coro del colegio porque su voz no era la adecuada. No quiero imaginar qué pensaría ese profesor años después de esta gran estrella.

Hace unos años me enfrenté a un reto muy grande. Estábamos en nuestro templo, al cual le cabían máximo cuatrocientas personas. Ya lo habíamos comprado y pagado con mucho esfuerzo, pero ahora nos enfrentábamos con algo imposible, algo que nuestra mente no podía siquiera suponer. Debíamos entrar a un templo para mil personas, con oficinas, salones y espacio cuatro veces más grandes de lo que teníamos.

El valor de la propiedad era aproximadamente diez veces lo que nos había costado la propiedad anterior, y solo teníamos ahorrado el 1,2 % del costo del proyecto. Por dos años habíamos buscado, orado, imaginado y planificado el nuevo proyecto.

Cuando me encontré con la propiedad que creímos que era la adecuada, el dinero y el tiempo eran nuestros imposibles. Sin embargo, le creímos a Dios. Uno de los retos más grandes fue encontrar gente que estuviera de acuerdo y me siguiera en esta gran locura de fe.

Mi equipo administrativo me apoyó, aun sabiendo que era una aventura. Los empresarios con los que tuve varias reuniones, los contadores y abogados me recomendaron que no me metiera en ese proyecto, pues, terminaría quebrado y no podría cumplir con el pago del local, además de la construcción que era necesaria posterior a la compra. Pero algo pasó en mi mente.

Un mes antes había ido a un congreso en Chicago. Durante las conferencias recuerdo que Dios habló a mi corazón con certeza. Entonces, lo que veía lejos, comencé a verlo cerca, tenía ahora la certeza y la convicción de que lo que Dios estaba hablando ya era una realidad. Al terminar el congreso (International Faith Conference) me subí en el avión de regreso a Colombia y llamé a mis abogados y contadores. Les dije: «Preparen los papeles que vamos a firmar el contrato».

Uno de los requisitos necesarios era que los dueños aceptaran mis condiciones; el otro era que necesitábamos el 200 % de los ingresos a partir del próximo mes en adelante.

Ninguna empresa crece 200 % en un año. Nuestra organización había crecido un 20 % anual en los últimos ocho años, pero nunca 200 %. Sin embargo, decidimos creerle a Dios. Así, firmamos el contrato, iniciamos las obras de construcción e inauguramos el nuevo local. Un año después pedí los reportes a mi departamento de contabilidad. ¡El resultado fue sorprendente! Habíamos tenido el 215 % de los ingresos.

Dios no solo dio lo que necesitábamos, sino 15 % más. Él siempre es fiel. Son muchos los detalles que no describo, pero el resultado fue sorprendente. Vivimos y experimentamos en carne propia lo poderoso que es soñar y creer en cosas grandes cuando Dios las pone en nuestra mente.

Cuando abrimos nuestra imaginación a Dios, milagros extraordinarios vienen a nuestras manos.

Después de haber vivido este proceso milagroso, nos atrevimos a construir un edificio en frente de la playa con capacidad para que cien personas durmieran cómodamente. Las dos propiedades están construidas y solo nos falta pagar 12 % del costo total de ambas.

De tener un templo pequeño de cuatrocientas personas, hoy las dos propiedades representan veinte veces lo que costaba ese pequeño santuario. ¡Veinte veces!

¿Cuándo iba a imaginar yo que cinco años después Dios nos daría veinte veces lo que teníamos? Solo te puedo decir una vez más que vale la pena soñar en Dios.

Lucas 6:43 (RVR 1960) dice: «No es buen árbol el que da malos frutos, ni árbol malo el que da buen fruto. Porque cada árbol se conoce por su fruto, pues, no se cosechan higos de los espinos, ni de las zarzas se vendimian uvas. El hombre bueno, del buen tesoro de su corazón saca lo bueno; y el hombre malo, del mal tesoro de su corazón saca lo malo; porque de la abundancia del corazón habla la boca».

Jesús nos enseñó una gran verdad, que será de inmensa utilidad para ti si la pones en práctica. Nos comparó con árboles que damos fruto de acuerdo con la semilla. Nuestro fruto depende de lo que hay en nuestros corazones. Nuestras mentes son un depósito y de acuerdo con ese depósito (los pensamientos de Dios, sus promesas), así serán nuestros resultados.

¡Dios determinó que tu mente fuera un tesoro! Así la diseñó.

Teniendo en cuenta este principio, necesitamos evitar y eliminar todo pensamiento trágico que pueda bloquear el poder de nuestra imaginación. Creo que el sistema de vida que se ha construido a nuestro alrededor está diseñado para inclinar la balanza a que pensemos en pequeño, que no creamos en algo más grande. Es un sistema cultural de vida lleno de noticias y de información que no nos inspiran a ir más allá, por el contrario, nos conduce a ser y a tener menos de lo que Dios determinó para nosotros. Inclusive, nos encontramos continuamente con personas que van más profundo en su sistema de creencias de derrota.

La imaginación, según el sistema, está condicionada a la tragedia, a la muerte, a la enfermedad, al fracaso y a la escasez.

LA CAUTIVIDAD BLOQUEA LA CAPACIDAD DE SOÑAR

2 Corintios 10:4 (RVR 1960) dice: «Porque las armas de nuestra guerra no son carnales, sino poderosas a través de Dios para derribar fortalezas. Derribando las imaginaciones y cada cosa alta que se exalta contra el conocimiento de Dios, y llevando cautivo todo pensamiento a la obediencia de Cristo».

Una de las razones más comunes por las cuales la gente no sueña o imagina en grande es porque su corazón está cautivo por el dolor, por la incredulidad, por la desesperanza, por los golpes de la vida. La gente está desanimada. En realidad, son personas que decidieron caminar con espíritu de escasez. En otras palabras, se les olvidó que Dios estaba con ellos.

Escasez no es tener poco, es pensar menos de lo que Dios ideó para ti en cualquier área de tu vida.

Veamos de cerca lo que dice Filipenses 3:13 (RVR 1960): «Hermanos, yo mismo no pretendo haberlo ya alcanzado; pero una cosa hago: olvidando ciertamente lo que queda atrás y extendiéndome a lo que está delante, prosigo a la meta, al premio del supremo llamamiento de Dios en Cristo Jesús».

La imaginación en Dios te proyecta hacia el futuro. Cuando caminas en fe nunca estarás a la deriva, porque Dios tiene un porvenir mejor para ti. La mente que fabrica milagros es la que se enfoca en el futuro que Dios determinó.

El apóstol Pablo dijo: «Voy hacia adelante, a pesar de...». ¡¡¡El líder que sueña no espera a que otros hagan, Él va primero hacia adelante!!! Una de las características de las personas que sueñan en Dios es que tienen la capacidad de ver más allá de lo que ven en el presente, más allá de los obstáculos que vienen, más allá de las limitaciones; ellos ven el resultado final. Necesitamos romper con los límites que el temor estableció en nuestras vidas y no nos permiten soñar.

Una oveja solamente ve hasta diez metros. Por eso el pastor (en nuestro caso, Jesús) levanta la vara y el callado para guiarlas.

Los ojos de la visión para lo grande son tu mente renovada por el Espíritu Santo.

El salmo 126 (NVI) dice: «Grandes cosas ha hecho El Señor con nosotros». Ahora bien, ¿quieres lograr cosas grandes en esta vida? Esta es una pregunta que yo me hice muchas veces. La gente que logra cosas grandes en la vida es la gente que sueña, que imagina en Dios y es determinada. En la presencia del Señor nuestro corazón recibe empoderamiento, poder para ser quien tenemos que ser, para después hacer.

Ray Kroc, dueño de la multinacional McDonald's, Soishiro Honda y Henry Ford no pudieron estudiar en la universidad. Thomas Edison falló diez mil intentos antes de lograr que la bombilla encendiera. A los hermanos Wright (los que inventaron el avión) su mismo pastor les dijo que si el hombre debía volar, Dios le hubiera dado alas. A Walt Disney lo botaron de la primera empresa de publicidad en la que trabajó porque no tenía creatividad. Todos ellos, y muchos más, tuvieron grandes barreras o limitaciones para alcanzar sus sueños. Pero todos tuvieron algo en común: nunca dejaron de imaginar y permanecieron enfocados en la idea que Dios puso en sus corazones.

La mayoría de las veces no depende de los recursos que tengamos, sino de la «actitud». Necesitamos exponer nuestra mente a las ideas adecuadas, ideas que nos acerquen a nuestro propósito.

TEN UNA ACTITUD DE CONFIANZA

Seguramente te preguntarás por dónde debes comenzar. El proceso de cambio comienza en la imaginación y continúa en las acciones que debes llevar a cabo para el cumplimiento de tu propósito.

Tu comportamiento siempre seguirá lo que crees, pero comienza en tu imaginación.

Tu exposición demuestra tu mentalidad y la forma en que hablas. El niño que comienza a comportarse mal se expuso a algo diferente, se expuso a amigos diferentes, a ambientes diferentes y a conversaciones diferentes.

Necesitamos exponernos a la promesa de Dios, a ambientes de fe y a personas con mentalidad ganadora. Si revisas tu vida podrás sacar la siguiente conclusión: de siete a diez personas con las que más interactúas han definido tu estilo de vida. Esto es lo que se llama principio de asociación.

Tu familia, tus finanzas, tu cultura, hasta tu manera de hablar y vestir, responden a esas personas que más influyen en ti. Debemos ser selectivos para escoger a quiénes les daremos el privilegio de incidir en nuestro sistema de pensamiento y de fe.

Necesitamos exponer nuestra mente a las promesas de Dios, pues los sueños comienzan con ellas. Nehemías empezó a imaginar los muros de Jerusalén reconstruidos y, de manera sobrenatural, los construyó en 52 días, sin tener absolutamente nada en el día uno, solo la idea.

El rey David comenzó a imaginar a Goliat, un gigante de tres metros, con la cabeza cortada. Moisés imaginó el día que saldrían de Egipto dos millones de judíos y el día llegó, milagrosamente, al abrirse el mar Rojo en dos para que ellos pasaran. José imaginaba el sueño de las gavillas y las estrellas rodeando el sol, mientras estaba en la cárcel. Él creía que algo grande sucedería y lo pondría en alto. De repente, un día lo llamaron al palacio para vestirse con ropa elegante y más nunca volvió a ser prisionero, porque se quedó gobernando como primer ministro de Egipto.

Y tú, ¿qué estás imaginando hoy?

Efesios 3:20 (NTV) revela: «Y ahora, que toda la gloria sea para Dios, quien puede lograr mucho más de lo que pudiéramos pedir o incluso imaginar mediante su gran poder, que actúa en nosotros».

En el libro de Efesios, el apóstol Pablo nos da otro principio grandioso. Nos asegura que Dios puede hacer mucho más de lo que le pedimos o soñamos. Pues bien, ¿cómo sucede esto? La respuesta está allí mismo: ¡mediante su gran poder!

Es la bendición de Dios en nosotros la que actúa cuando nos atrevemos a involucrarlo en nuestra imaginación, es decir, cuando permitimos que Dios piense a través de nuestra mente. En ese momento, su poder, su gracia, sus maravillas, sus recursos ilimitados y mucho más, se disponen para hacer que esa idea loca se vuelva realidad. Es un proceso sencillo, pero por ser tan fácil es difícil de convencer a nuestro pensamiento natural y limitado.

Es solo cuestión de creer que Dios lo puede hacer.

SUS IDEAS NOS SERÁN REVELADAS

Nuestro trabajo es atrevernos a salir de nuestra caja limitada de pensamientos y poner nuestra imaginación a volar. A este proceso lo llamamos revelación (apocalipsis).

La palabra «apocalipsis», como el último libro de la Biblia, en el idioma griego significa «revelación», o descubrir algo que estaba encubierto o tapado. Entonces, cada vez que a nuestra mente viene un pensamiento de Dios, a eso le llamamos revelación. Son ideas que no aprendimos en el colegio, o en la universidad, y no vinieron por la experiencia.

Llegaron directamente de la mente de Dios a la nuestra. Cuando este proceso lo desarrollamos de forma continua, el resultado es adquirir una mente renovada a imagen y semejanza de la mente de Cristo.

Ahora tienes dos opciones: la primera, pensar, imaginar y actuar de acuerdo a tu conocimiento, experiencia o a la cultura de este mundo; la segunda, hacer lo que la revelación de Dios trae a tu mente sin importar lo extraño, imposible o fuera de lo común que parezca.

Los resultados de actuar conforme a la mente del Creador serán totalmente diferentes, más anchurosos, grandes, expandidos, simplemente sorprendentes. Con tu conocimiento o experiencia podrás lograr muchas cosas, pero siempre estarás limitado. Somos humanos y nuestros recursos son reducidos. Pero cuando actuamos por revelación, lo que Dios habló ya está hecho. No hay manera de que no suceda.

La manera de Dios nunca falla.

EL TITANIC VERSUS EL ARCA DE NOÉ

El Titanic fue una de las obras de ingeniería más asombrosas de su época. Contó con recursos de todo tipo que, hasta ese día, no se habían utilizado. Los más grandes ingenieros del mundo intervinieron en este gran proyecto, se invirtieron 10 millones de dólares, 290 mil millones de dólares al día de hoy, y tres años exactos en terminar de construirlo.

Al finalizar el barco, sus diseñadores dijeron: «Ni Dios podrá hundir este barco». Lamentablemente, entre el 14 y 15 de abril de 1912, el Titanic se hundió y perecieron en el incidente más de 1500 personas. ¿Por qué? Hubo una falla humana en distintos puntos, sobre todo en el diseño y conducción del barco. A pesar de contar con los mejores ingenieros, herramientas y recursos de esa época, el Titanic fracasó como proyecto al chocar con un *iceberg*.

Por otro lado, el arca de Noé fue un proyecto liderado directamente por Dios y ejecutado por Noé. Dios mismo, por revelación, dio a Noé las instrucciones específicas, los diseños del arca, las dimensiones y hasta los materiales con los cuales tendría que construirla.

Noé no fue a la escuela de ingeniería naval ni de diseño. No tuvo que consultar con expertos en metalurgia ni contratar las más grandes navieras. De hecho, nunca había llovido y no se conocía en esa época lo que era un diluvio. Noé simplemente avanzó con la información que Dios le había dado y siguió paso a paso sus instrucciones.

¡El resultado fue sorprendente!

Cuando comenzó el diluvio, Noé tenía seiscientos años, entró al arca con su mujer, sus hijos y sus esposas y, además, una pareja de cada especie animal conocida. El diluvio borró de la faz de la tierra todo ser viviente y, al final, después de ciento cincuenta días, o cinco meses, el arca encalló en el monte Ararat con todos sus tripulantes sanos y salvos. Fue todo un proyecto de ingeniería, construcción y navegación que tuvo éxito. Un desafío contra la naturaleza y la violencia de un diluvio. El arca de Noé no se hundió. Este proyecto no fui idea del hombre, fue idea de Dios.

Como el Titanic y el arca de Noé, podemos tomar la decisión de construir en nuestras vidas proyectos, sueños, familias, finanzas o ministerios bajo nuestra experiencia y sabiduría humana, o podemos pedir la revelación de Dios y entrar al mundo de lo imposible y lo sobrenatural, pero con resultados impresionantes.

Bajo la guía divina nunca fracasaremos.

LA SABIDURÍA CELESTIAL DE LOS SUEÑOS DE DIOS

Otro gran ejemplo es el de Adán en el huerto del Edén. Cuando Dios lo colocó allí y le entregó la administración de todo, una de sus tareas fue colocarle nombre a los animales y plantas que existían. ¿Te imaginas? Tremendo reto.

Génesis 2:19 (NVI) nos lo cuenta: «Y el Señor Dios formó de la tierra todo animal del campo y toda ave del cielo, y los trajo al hombre para ver cómo los llamaría. Como el hombre llamó a cada ser viviente, ese fue su nombre. El hombre puso nombre a todo ganado, a las aves del cielo y a todo animal del campo, pero para Adán no se encontró una ayuda que fuera adecuada».

La gran pregunta es: ¿de dónde sacó Adán los nombres para todos los animales?, ¿cómo logró dividirlos por especies, terrestres, acuáticos, aves, reptiles, etcétera? Adán no fue a la universidad ni hizo una especialización en veterinaria. Adán recibió este conocimiento directamente de la biblioteca celestial. ¡Impresionante! Ese mismo conocimiento que viene de la mente de Dios está disponible para ti y para mí.

Daniel y sus amigos en Babilonia son otro ejemplo grandioso de lo que puede hacer el Espíritu Santo en nuestra mente y en nuestra imaginación. El rey Nabucodonosor quería escoger a los mejores jóvenes y profesionales para estar en la primera línea de su palacio.

Entre ellos estaban estos jóvenes hebreos. Pero había una diferencia entre Daniel, sus amigos y los demás que estaban concursando por estos puestos. El Espíritu Santo estaba sobre ellos. La Biblia dice que había un «espíritu superior» sobre ellos.

Daniel 1:17 (LBLA) nos relata: «A estos cuatro jóvenes Dios les dio conocimiento e inteligencia en toda clase de literatura y sabiduría. Además, Daniel entendía toda clase de visiones y sueños. Después de los días que el rey había fijado para que fueran presentados, el jefe de oficiales los trajo ante Nabucodonosor. El rey habló con ellos, y de entre todos ellos no se halló ninguno como Daniel, Ananías, Misael y Azarías. Entraron, pues, al servicio del rey. Y en todo asunto de sabiduría y conocimiento que el rey les consultó, los encontró diez veces superiores a todos los magos y encantadores que había en todo su reino».

El faraón de Egipto de la época le preguntó a José dónde podría encontrar a un hombre en el cual habitare el espíritu de Dios. Lo que pasa es que Él sabía que la mente que sueña de acuerdo con el pensamiento de Dios es antivacas flacas (anticrisis).

Génesis 41:37 (RVG) dice lo siguiente: «La idea pareció bien a Faraón y a todos sus siervos. Entonces Faraón dijo a sus siervos: ¿Podemos hallar un hombre como este, en quien esté el Espíritu de Dios? Y Faraón dijo a

José: Puesto que Dios te ha hecho saber todo esto, no hay nadie tan prudente ni tan sabio como tú. Tú estarás sobre mi casa, y todo mi pueblo obedecerá tus órdenes. Solamente en el trono yo seré mayor que tú. Faraón dijo también a José: Mira, te he puesto sobre toda la tierra de Egipto».

El mismo Faraón reconoció que el espíritu de Dios estaba sobre José y que Él era la causa de su infinita sabiduría e inteligencia para poder descifrar los sueños que, continuamente, estaba teniendo y, así, determinar los pasos a seguir en este gran proyecto de reservas para los siete años de escasez que iban a venir sobre la tierra.

Una persona que dejó tocar su imaginación por el poder de Dios fue colocada como primer mandatario de una nación y se convirtió, literalmente, en el hombre más poderoso sobre la tierra, ya que José era el encargado de administrar todo el alimento que había en Egipto y quien daría de comer al mundo entero, conocido, para que sus pobladores no murieran de hambre.

Como José, tu imaginación puede ser influenciada por Dios y tú puedes ser el próximo que vaya a producir ideas que cambien la historia de tu generación. Este es uno de los beneficios de tener una mente influenciada por el Espíritu Santo.

DIME CÓMO SUEÑAS Y TE DIRÉ HACIA DÓNDE VAS

Antes de continuar mostrando algunos beneficios de dejar influenciar nuestra imaginación por Dios, mi recomendación es que, para que esto suceda, debemos buscarlo a Él. Busca a Dios con todo tu corazón, invierte tiempo en su Palabra, en su presencia y medita en sus promesas. Esto provocará que tu mente sea llevada a niveles muy altos.

En Salmos 37:4 (LBLA) dice así al respecto: «Pon tu delicia en el Señor, y Él te dará las peticiones de tu corazón. Deléitate en el Señor y Él te concederá los deseos de tu corazón» (NTV).

Este salmo nos enseña que buscar a Dios es una delicia para nuestra alma y Él, entonces, mediante su poder, concederá las peticiones (ideas, sueños, metas, proyectos) que en nuestro corazón (mente) se gesten.

Una imaginación sobrenatural hablará fe, hablará milagros. Debes hablar milagros.

Nuestra mente va a honrar a Dios pensando en su promesa, mientras otros piensan en fracaso, enfermedades o derrotas.

El sistema nervioso del habla tiene control sobre todos los demás sistemas del ser humano. Solo con hablar los nervios reciben la orden de manipular el resto de los nervios del cuerpo, como Él lo desea o como fue hablado.

En el campo de la fe tú puedes cambiar tu atmósfera hablando lo que está imaginando el cielo para ti.

En el Libro de los Salmos 126:1-2 (NBLA) se dice que: «Cuando el Señor hizo volver a los cautivos de Sion, éramos como los que sueñan». Las personas que sueñan son aquellas que caminan al lado de los soñadores. Veamos algunas de sus características:

1. **Un soñador es alguien que inspira a otros.** Todo liderazgo debe ser inspirador. Estoy seguro de que serás alguien que va a influenciar a muchos con tu manera de pensar. Necesitamos ser influenciados por la atmósfera correcta, por la información correcta y por la gente correcta. Muchos no han avanzado —o retrocedieron—, porque están rodeados de lo incorrecto y eso influye en su mentalidad. Debes ser selectivo en cuanto a cómo vas a dejar influenciar tu imaginación. No todos aquellos con quienes te rodeas son los adecuados para tu próximo nivel.

2. **La gente que sueña es gente que no se detiene a perder el tiempo.** Lo que Pablo le estaba diciendo a Timoteo en el libro de Filipenses, capítulo 3, era: «No te detengas, la vida se va volando, sigue hacia tu destino». Yo no sé qué te ha hecho frenar en este tiempo, pero hoy Dios te dice: «Sigue adelante porque los próximos días son días de cosecha y de puertas ¡abiertas!».

3. **La gente que sueña puede enfrentar las crisis con fe, entusiasmo y fortaleza**. Este tipo de gente sabe que los padecimientos presentes no se comparan con la gloria venidera. La razón por la que muchos no conquistan los sueños que hay en su mente es porque se desaniman muy rápido. Paran ante cualquier oposición y abandonan la carrera. A estos les recomiendo lo que dice Josué 14:11 (RVR 1909): «Estoy tan fuerte hoy como cuando Moisés me envió a esa travesía y aún puedo andar y pelear tan bien como lo hacía entonces». La gente que sueña es aquella que permanece fortalecida ante las adversidades de la vida. Los débiles y cobardes nunca triunfarán.

4. **La gente que aprende a soñar es alegre y feliz**. Una mente llena de las promesas de Dios será una mente alegre: «Entonces nuestra boca se llenará de risa, y nuestra lengua de alabanza; entonces dirán entre las naciones: grandes cosas ha hecho Jehová con estos. Grandes cosas ha hecho Jehová con nosotros; estaremos alegres». Este tipo de soñador es feliz porque tiene expectativa positiva acerca del futuro, tiene esperanza, tiene la seguridad de que algo mejor viene.

¡SUEÑA AÚN MÁS GRANDE!

Antes de terminar este capítulo te invito a reflexionar en esto: ¿qué estás pidiendo?, ¿qué estás deseando o qué estás imaginando en comparación a lo que Dios quiere para ti?

«Si tan solo tuviera un hijo», imaginaba Abraham a los cien años de edad. Mientras, Dios pensaba: «Te voy a dar millones de hijos». El pueblo israelita, cuando salió de Egipto, pedía a Dios en el desierto: «Danos un poco de agua o un poco de carne», y Dios decía: «Tengo para ustedes toda la tierra de Canaán, las casas que no construyeron, las tierras que no sembraron, las ciudades que no edificaron, una tierra que fluye leche y miel».

Gedeón dijo: «Son muy pocos los soldados que tengo para enfrentar a los madianitas (el ejército enemigo), tengo 32 000 y ahora me quedan 10 000 y ellos son 135 000». Entonces Dios dijo: «Con trescientos los acabamos».

David era pastor de ovejas y era el menospreciado de su familia, pero Dios le decía: «Eres rey de Israel».

José pensó: «Me voy a morir en la cárcel, pues, el copero no se acordó de mí, quiero el milagro de salir de la cárcel»; pero Dios dijo: «Vas a ser el hombre más poderoso de la tierra».

Salomón le dijo a Dios: «Dame sabiduría, es lo único que te pido», y Dios le dijo: «No solo te doy eso, te doy gloria, fama y te haré el hombre más rico del mundo».

Lo que Dios imaginó para ti es mucho más grande de lo que tú crees. Atrévete a ir más allá, a ensanchar tus pensamientos y a dejar que tu imaginación rompa los límites que tal vez tú jamás creíste posibles.

Dios y tú son mayoría.

Repite las declaraciones que por veintiún días te comprometiste a hacer en el primer capítulo y termina junto a mí con esta que dejo a continuación:

Espíritu Santo, te doy gracias porque estás renovando mi mente, gracias porque tengo la mente de Cristo. Hoy me atrevo a imaginar lo que nunca había creído y te pido que me muestres todo lo grande y maravilloso que tienes para mí. Coloca la gente correcta a mi lado, ponme en las atmósferas correctas y en las situaciones adecuadas para que mi imaginación sea influenciada por la fe. Creo que todo con lo que estás llenando mi corazón se hará realidad y me darás los recursos, la fuerza y las ideas para alcanzarlo. Creo que esta misma semana veré milagros, que para mí serán una señal de que has escuchado mi oración. Tú y yo somos mayoría. ¡¡Gracias!!

Ahora, escanea el código QR que te presento a continuación y profundiza en la renovación de tu mente.

4

SIN MIEDO A NADA

La mentira es el ingrediente principal en la receta del temor.

Recuerdo que tenía tres o cuatro años cuando en una época de Navidad mi mamá me llevó a ver un pesebre. Estábamos en un parque y de repente me vi solo debajo de una pequeña casita de madera que formaba parte del establo y donde colocaban a los niños para que sus padres pudieran tomarles fotos.

Fueron solamente unos segundos, pero me sentí abandonado, solo, lleno de temor, porque no sabía en dónde estaba mi mamá. Mientras mi mirada recorría a gran velocidad la cara de muchas personas que estaban a mi alrededor, esa sensación de angustia y miedo invadía mi pequeño corazón.

Un par de segundos más tarde por fin la vi en medio del tumulto y ella a mí. Su rostro se mostraba tranquilo y alegre, porque había podido tomarme la hermosa foto en el pesebre. Inmediatamente lancé mis brazos hacia ella, luego salimos del parque, ella con un recuerdo muy bello de su hijo y yo con mi primera experiencia aterradora.

Esta fue la primera vez que sentí miedo y desde ese día en mi mente quedó grabada esa sensación de temor y angustia. No puedo describirla tal cual lo sentí, solo sé que fue la primera ocasión en que el «espíritu de temor» quiso tomar dominio de mis pensamientos y de mi vida.

Ahora bien, ¿por qué a pesar de que en realidad no estaba solo ni abandonado tuve ese intenso miedo en pocos segundos? Fue por la misma razón que muchos de nosotros lo sentimos hoy en día y siempre. Una mentira había tomado posesión de mis pensamientos y había creado en mis emociones esa terrible sensación de angustia y soledad.

El temor se disfraza de inocente debilidad humana.

EL INGREDIENTE SECRETO DEL TEMOR

La mentira es el ingrediente principal en la receta del temor. Y el temor, silente y solapado, está diseñado para paralizarnos en las tres grandes áreas o dimensiones de nuestro ser: la mental-emocional, la física y la espiritual. No hay fuerza invisible más influyente y controladora.

Una de las características del temor es que va a aparecer donde más nos duele y ni siquiera nos daremos cuenta. En esa área donde tenemos miedo, donde creímos una mentira y donde un espíritu de temor ha tomado control, allí mismo esta emoción nos va a remover hasta el cansancio, hasta que tomemos consciencia de su presencia y decidamos creerle a Dios antes que a ella.

Hay muchas mentiras que pueden tomar posesión de tu corazón y hacerte presa del temor. Todo ser humano sufre dolores en el alma, como el rechazo, el abandono y la inseguridad de no estar protegido y provisto de lo necesario. La mayoría de las personas que hemos atendido en consejería han manifestado un sinnúmero de problemáticas, pero al ver la raíz nos damos cuenta de que son temores infundidos por nuestras experiencias negativas que al final crearon vacíos grandes y predispusieron nuestra mente y corazón.

El miedo a no tener provisión es una de las mentiras que más afecta al ser humano. En algunos, como fue mi caso, se sembró este temor desde niño por vivir con padres separados. No tuve la fortuna de crecer con mi padre, así que mi mamá, mi hermano menor, Julián, y yo tuvimos que afrontar grandes necesidades, pues, ella siendo madre cabeza de hogar hacía maravillas para sacar adelante a sus dos niños. Sin embargo, muchas veces se veía alcanzada y no podía suplirnos lo que necesitábamos con abundancia, o simplemente tuvimos que privarnos muchas veces de deseos que todo niño tiene.

Recuerdo que cuando íbamos a un parque muy famoso de mi ciudad, nos decía: «Iván y Julián, no vayan a pedir dos cosas. O comen algodón de dulce, o comen raspao[1]». Nosotros le prometíamos mil veces que solo pediríamos una sola golosina, y así nos llevaba al parque. Pero ¿qué pasaba? Una hora después de estar jugado, corriendo y manejando bicicleta, venía la gran pregunta. ¿Podemos pedir otro? O ¿podemos comprar raspado? Mi mamá se veía en aprietos, pero siempre tuvo la salida para complacernos.

---

1   El «raspado» es una especie de bebida preparada a base de hielo picado con jugo de frutas. Coloquialmente suele pronunciarse como «raspao».

Recuerdo también la cantidad de veces que pasamos dificultades para pagar la matrícula del colegio. Era una suma de dinero muy alta. Mi mamá trabajaba muy duro pero cada comienzo de año escolar era una experiencia traumática, pues, no aparecíamos en la lista del salón, sino en uno o dos meses después de que se oficializaba la matrícula. Este, y otro tipo de necesidades, como no poder tener los tenis de moda, o no comer la merienda que queríamos en los recreos, generaban un vacío y un temor que nos decía: «No vas a tener lo suficiente».

En mi caso fue por falta de dinero, pero conozco muchas personas que tuvieron mucho dinero en su infancia, y por situaciones de la vida un día lo perdieron todo. Eso generó un trauma fortísimo en sus corazones, que creó un temor muy grande en ellos hasta ahora que son adultos. Permanentemente hay una voz en su interior que les dice: «Lo vas a perder todo otra vez».

Otro miedo profundo del corazón de la humanidad es no sentirse amados. No tener a alguien que nos ame y que no podamos amar. Este temor vino principalmente por raíces de rechazo que se formaron en nosotros por ser depreciados por nuestros progenitores, o abandonados por un padre como fue mi caso, al ser maltratados por algún familiar, tío, hermano mayor, o por un vecino.

En estos casos vemos que se genera temor a amar. Miedo a darlo todo. Es el caso de mujeres y hombres que no tienen la capacidad de expresar amor y dejarse amar por temor a ser defraudados, o por creer la mentira del miedo que les dice: «¡No te ama!». «Te van a dejar solo nuevamente».

Conozco decenas de divorcios que se dieron, no porque la pareja no se amara o porque no quisieran estar el uno con el otro, simplemente no entendieron que el trauma que sufrieron de niños no fue sanado, y la voz del miedo les ganó.

El abuso que sufrimos en nuestra infancia y adolescencia también forma grandes mentiras en nuestra mente, las cuales nos pueden llevar a tener graves problemas relacionales. Ser abusados sexualmente, física o emocionalmente, genera una distorsión en nuestro pensamiento, pues, la mentira nos dice que siempre seremos abusados. En este caso vemos cómo hay personas que no confían en nadie, que siempre son conflictivos, o se comportan como cactus que no pueden acercarse a nadie porque lastiman. Pero hay una buena noticia, todas estas mentiras y traumas pueden ser borrados al ser reemplazados por la verdad de Dios.

La mentira sale a la luz cuando la verdad aparece. En las próximas líneas trataré más el antídoto para todos estos temores, pero si quieres profundizar, te recomiendo que hagas el programa de sanidad interior de nuestra comunidad que se llama «Transformados». Cientos de personas han sanado su corazón y su mente de temores, rechazos y traumas que los agobiaron por muchos años, y tú no serás la excepción.

La primera gran pregunta es, entonces: ¿a qué le tienes miedo?

NUESTRO DISEÑO ORIGINAL

Nosotros no estamos diseñados para sentir temor. Originariamente, antes de la corrupción espiritual, nuestra mente fue diseñada por Dios para ser alimentada con la nutrición correcta y con los pensamientos del Creador que están expuestos en su Palabra, por lo tanto, para estar curados de este mal del temor. Tal cosa no existía en los inicios de los tiempos.

En realidad, nosotros fuimos creados para ser verdaderamente unos guerreros que no temen, sino que creen y que accionan con capacidades sorprendentes ante las mentiras acerca de nuestra personalidad, de nuestro propósito de vida y función en la tierra de sojuzgar y de ser la corona de la creación.

Volvamos a nuestro diseño original que cree y es fuerte, no que teme y se paraliza.

Sin embargo, para nadie es un secreto que el temor se ha apoderado de la humanidad y que es el principal causante de que nos sintamos abandonados, incapaces, derrotados, simplemente anulados, casi inexistentes. Pero cuando nosotros blindamos nuestro ser con la comida correcta, que es la palabra sagrada de Dios, nos libramos del temor y de la mentira con la cual nos atrae primero. Porque la verdad de Dios prevalece sobre la mentira del mundo, del sistema, de nuestra propia psique y de la del diablo.

Segunda pregunta importante: ¿está tu mente siendo nutrida por la verdad de Dios o por la mentira?

Nuestro diseño original fue ejercer dominio sobre toda la creación, dar fruto y multiplicarnos. Ese fue el ADN que Dios plantó en Adán y Eva, en el cual se suponía que debían caminar. Pero este gran proyecto fue interrumpido por la voz de la serpiente, por la mentira. Gracias a una mentira el hombre fue sacado del Edén, lugar de delicias, lugar fructífero, y fue enviado a la tierra que ahora estaba bajo maldición por causa del pecado. Lo tremendo de esto es que la mentira fue sembrada por la serpiente (Satanás) y el hombre dejó que esa semilla produjera fruto.

La mentira tenía como raíz hacerles creer que Dios les estaba ocultando algo, y que en el fondo era malo confiar en ese Dios que les dio todo, pero únicamente les dijo: «No coman del árbol del bien y del mal, pues ese día morirán». La mentira trajo duda, desconfianza en Dios. Al final el temor produjo su efecto porque cuando Adán y Eva comieron del árbol y Dios los buscó, estaban escondidos.

Cuando una persona se esconde es porque tiene miedo a que la encuentren, porque sabe que hizo algo malo, o cree que algo malo le va a suceder. De esta manera comenzó la historia del temor en nuestras vidas, con el «primer Adán», pero nuestro amado Jesús nos redimió de esta maldición y nos unió nuevamente al Padre celestial para vivir una vida cercana a Él, confiando plenamente en su amor y sus promesas.

Por esta razón, te animo a que medites y tengas un tiempo de oración en el cual pidas a Dios que te muestre los momentos en tu vida que tal vez no están muy claros en tus recuerdos, pero que seguramente quedaron grabados en tu corazón, dieron paso al temor por primera vez y han afectado áreas de tu vida. Esto será clave para identificar el temor y hacerlo desaparecer.

EL TEMOR ENTRA POR EL OÍDO

1 Samuel 17:11 (RVC) forma parte de la historia del triunfo de David por sobre la figura de Goliat y dice que: «Cuando Saúl y todo Israel oyeron las palabras (de amenaza[2]) del filisteo, se acobardaron y tuvieron gran temor».

En este pasaje vemos claramente cómo el ejército de Israel, sus generales y el mismo rey Saúl estaban acobardados y llenos de «mucho temor» por las palabras (mentiras) del gigante Goliat.

Durante cuarenta días este gigante de tres metros amedrentó e intimidó a los israelitas amenazándolos con destruirlos y volverlos esclavos a todos.

Pues bien, la Biblia dice que ellos «oyeron estas palabras del filisteo», y esta fue la causa de su gran temor. Con un mensaje intimidante que ellos creyeron, su mente quedó turbada y paralizada por el temor.

---

2   Interpretación del autor.

Debemos cuidar nuestra mente de las voces que han venido para sembrar temor en distintas áreas de nuestra vida.

La realidad es que todo a nuestro alrededor está diseñado para sembrar temor en nuestra vida. Las noticias, la cultura que nos rodea, el sistema económico, todo viene para traer mensajes que saturan nuestro sistema de pensamiento, no precisamente para cobrar ánimo y entusiasmo. El temor está a la vuelta de la esquina.

Job 3:25 (NVI) lo ratifica de esta forma: «Pues, lo que temo viene sobre mí, y lo que me aterroriza me sucede. No tengo reposo ni estoy tranquilo, no descanso, sino que me viene turbación».

La experiencia de Job nos revela un misterio: el temor es un imán. Job pudo entender que los temores que había en su corazón se convirtieron en realidad.

Pues bien, de acuerdo con mi experiencia, la clave está en erradicar el temor y contrarrestarlo rápidamente, antes de que haga nido, pues, el temor invade nuestro pensamiento, se trata de poder que atrae aquello que piensa, en este caso, que teme. El temor opera de la misma manera que la fe, pero hacia el lado opuesto. La fe y el temor atraen lo que creen.

ALGUNAS CONSECUENCIAS DEL TEMOR

Por acá te dejo una lista de los resultados que los temores dejan en nuestra vida para que identifiques algunos de ellos y los trabajes de manera consciente y puedas erradicar esta emoción de una vez por todas:

1. El temor no te deja ver lo sobrenatural y nos dice lo contrario a lo que Dios nos promete. Su mensaje es que algo malo nos va suceder en ciertas áreas.

2. El temor está conectado con la baja estima, elabora una imagen incorrecta de nosotros. Y la verdad es que la imagen que tenemos dentro de nosotros es lo que saldrá afuera. Por tanto, el temor nos hace creer que tenemos menos autoridad y que somos menos de lo que realmente somos. Es un sentimiento impulsado por las tinieblas, que nos lleva a caminar en la dirección contraria a la imagen que Dios tiene de nosotros.

    Jueces 6:12 (LBLA) nos relata la historia de Gedeón, un hombre que no tenía idea de la forma como Dios lo veía y que se minimizaba. La cita dice que un día «... el ángel del Señor se le apareció y le dijo: ¡Guerrero valiente, el Señor está contigo! Y Él respondió: Pero, Señor, ¿cómo podré yo rescatar a Israel? ¡Mi clan es el más débil de toda la tribu de Manasés, y yo soy el de menor importancia en mi familia! El Señor le dijo: Yo estaré contigo y destruirás a los madianitas como si estuvieras luchando contra un solo hombre».

    Gedeón se encontraba en una situación caótica, ya que después de siete años de opresión de los madianitas, pueblo enemigo, su cuerpo estaba desgastado, desanimado y sin esperanza. Él y su pueblo estaban llenos de miedo, pues, en cualquier momento el ejército enemigo podía entrar y sacudir sus cosechas, destruirlas, violar a sus mujeres y más. El miedo estaba latente en todo momento. Pero Dios fue a darle una buena nueva: «Vas a destruir a los madianitas y se acaba el tiempo de opresión». El temor había producido grandes tormentas en la mente de Gedeón, que no pudo creer ni percibir lo maravilloso que estaba a punto de suceder. Gedeón le dio todas las razones lógicas por las cuales Él no podría vencer a los madianitas: «Soy pobre, soy el menor de mi familia y no tengo alto rango ni soy de importancia». Pero Dios hizo una declaración poderosa para quebrantar el espíritu de temor que se había apoderado de Él: «Guerrero valiente, yo estaré contigo, y derrotarás a 135 000 madianitas como si fueran un solo hombre».

¡Qué gran noticia! Me da envidia de la buena solo pensar en ese momento que vivió Gedeón. Al final salió victorioso, pero antes tuvo que creer que había algo más para Él.

3. El temor paraliza nuestras emociones positivas y descontrola nuestros pensamientos, haciendo nuestra mente improductiva para ideas sobrenaturales. En pocas palabras, nos cierra la puerta a lo sobrenatural.

El temor es la raíz de la mayoría de las emociones negativas. El temor prolongado y nutrido lleva al pánico y a la depresión, es una cadena interminable. Recuerda, es un imán de las malas noticias y de los pensamientos negativos. ¡El temor aumenta el problema!

4. Impacta tanto en el plano espiritual que hace que no veamos nuestra herencia como hijos de Dios. Literalmente, limita la calidad, la cantidad y el tamaño de nuestra herencia. Por lo tanto, el temor bloquea el favor de Dios sobre nuestra vida, porque el miedo nos hace creer que Dios no está con nosotros. Lo que ocurre es que el temor es una contradicción, no podemos tener miedo y disfrutar del favor de Dios al mismo tiempo.

¿Cuántos milagros dejamos de recibir por haber escuchado la voz equivocada, porque escuchamos personas incorrectas y nos llenamos de temor? En esa área donde tenemos miedo nos estamos perdiendo un milagro. Pero en el área en que dejamos de temer y comenzamos a tener fe se sueltan los milagros.

5. El temor atrae la pobreza, porque paraliza nuestra imaginación. La gente dominada por el miedo siempre va a decir que las cosas nunca van a funcionar. El temor nos convierte en personas improductivas y poco recursivas.

6. El temor nos quita la expectativa de lo que viene, nos roba el entusiasmo acerca de cualquier cosa y trae desánimo (pero este tema lo profundizaremos en otro capítulo).

7. El temor no nos deja hacer cambios porque produce miedo a los cambios. Todo cambio necesita cosas nuevas y riesgos, y el temor es enemigo de los riesgos. Nunca cambiaremos lo que no nos atrevamos a enfrentar.

¡Cree solamente!

¿CÓMO ELIMINAR EL TEMOR DE NUESTRA VIDA?

1 Juan 4:18 (RVR 1960) dice que: «En el amor no hay temor, sino que el perfecto amor echa fuera el temor, porque el temor involucra castigo, y el que teme no es hecho perfecto en el amor».

El espíritu de temor viene como resultado de no saber que somos hijos de Dios, que nuestro Padre nos ama profundamente y que cuida de nosotros, de nuestra casa, y que su amor es más grande que cualquier amenaza.

El espíritu de orfandad atrae cualquier tipo de temor en nuestra vida, nos hace sentir desprotegidos, solos, desamparados, y lo contrario, estar seguros de que Dios nos ama, produce seguridad y valentía ante cualquier circunstancia adversa que enfrentemos. Sentimos que nada nos puede lastimar, por ende, no hay nada a lo que tenerle temor.

Tener fe en lo que Dios nos ha prometido cancela toda amenaza del temor. Lo que quiere decir que para echar fuera el temor necesitamos fe. El miedo nos produce pavor con respecto al porvenir, pero la fe nos devuelve la esperanza en un futuro brillante y lleno de bienestar. Hay gente que vive aterrada de cosas que no han sucedido, enfermedades, catástrofes, tragedias que solamente están en su mente. Esto responde a la falta de fe en que hay un Dios que vela siempre por nosotros.

Otros creen únicamente cuando hay manifestación tangible de la influencia de Dios en sus vidas y de su paternidad amorosa. En uno de los momentos más cruciales de la vida de Jesús, el Maestro le dijo a Tomás, uno de sus discípulos: «... porque me has visto, oh, Tomás, creíste, bienaventurados los que no vieron y creyeron» Juan 20:29 (RV 1960).

Cuando caminamos bajo una mentalidad de temor vamos a requerir probar para creer lo que Dios dice o para mantenernos confiados. Mientras que cuando caminamos en fe solo necesitamos la promesa y creerla.

Lo que Dios dijo va por encima de toda amenaza.

Si vivimos por fe, debemos esperar que Dios se va a mover a nuestro favor, aun en la peor situación. Las voces del temor quedan eliminadas cuando creemos que Dios hará algo grande por nosotros.

Podemos ser libres de todos nuestros miedos, pero debemos estar seguros de que Dios es el único que puede hacerlo. En Él está el antídoto para el miedo.

FE VERSUS TEMOR

A continuación, veamos las grandes diferencias que hay entre la fe y el temor y lo que ambos producen en nuestra vida:

- La fe disminuye el problema. El temor se enfoca en el problema, lo agranda y hace que aparezcan dificultades que nunca existirán en tu vida. Las estadísticas aseguran que el 90 % de los problemas nunca existieron, simplemente fueron imaginación causada por el temor.

- La fe se enfoca en el futuro donde ya estás bendecido, libre, sano y próspero, donde con las promesas en tus manos eres un triunfador. El temor te enfoca en un pasado y un presente lleno de tristeza, derrota y preocupación.

- La fe encuentra siempre la puerta abierta. Y si no hay puerta, la fabrica para ti. El temor prepara la atmósfera para la sequía, la ruina, la enfermedad, la escasez y las puertas cerradas.

- El temor bloquea la bendición. La fe es un imán de lo bueno. La fe abre las puertas de la bendición.

- El temor te enfoca en tu propia fuerza y limita tus recursos, por eso, vives limitado. La fe te lleva a lo ilimitado.

- El temor bloquea tu visión espiritual. Pero quiero que sepas algo: hasta donde puedas ver, eso Dios te dará. Así que asegúrate de mirar alto, muy alto.

Dios es experto en llevarte hacia lo desconocido para ti, pero reparado por Él.

Ahora bien, la manera como Dios nos bendice en este tema y en todo lo que nos puede aquejar es con sus promesas, ellas son nuestra herencia como hijos de Dios, y la fe solo viene por su Palabra, que es la verdad. Este es el antídoto del temor. Es decir, sin las promesas de nuestro Padre, el temor seguirá vivo en algún área de nuestras vidas.

A continuación, te doy algunas promesas que sé que te ayudarán muchísimo para enfrentar cualquier tipo de temor y al final poder ser libre de Él:

- 2 Timoteo 1:7 (NVI) dice: «Pues Dios no nos ha dado un espíritu de temor y timidez sino de poder, amor y autodisciplina».

- En el Libro de los Salmos 34:4 (NTV) dice: «Oré al Señor, y Él me respondió; me libró de todos mis temores».

- Isaías 41:10 (RVR 1960) dice: «No temas, porque yo estoy contigo; no desmayes, porque yo soy tu Dios que te esfuerzo; siempre te ayudaré, siempre te sustentaré con la diestra de mi justicia. He aquí que todos los que se enojan contra ti serán avergonzados y confundidos; serán como nada y perecerán los que contienden contigo. Buscarás a los que tienen contienda contigo y no los hallarás; serán como nada y como cosa que no es, aquellos que te hacen la guerra. Porque yo Jehová soy tu Dios, quien te sostiene de tu mano derecha, y te dice: No temas, yo te ayudo».

- Jeremías 1:8 (RVR 1960) dice: «No temas delante de ellos, porque contigo estoy para librarte, dice Jehová».

- Joel 2:21 (RVR 1960) dice: «Tierra, no temas; alégrate y gózate, porque Jehová hará grandes cosas».

- El Libro de los Salmos 3:6 (RVR 1960) dice: «No temeré a diez millares de gente, que pusieren sitio contra mí».

- En Salmos 23:4 (RVR 1960) dice: «Aunque ande en valle de sombra de muerte, no temeré mal alguno, porque tú estarás conmigo; tu vara y tu cayado me infundirán aliento. Aderezas mesa delante de mí en presencia de mis angustiadores; unges mi cabeza con aceite; mi copa está rebosando».

- El Libro de los Salmos 27:3 (RVR 1960) dice: «Aunque un ejército acampe contra mí, no temerá mi corazón; aunque contra mí se levante guerra, yo estaré confiado».

Mi consejo es que leas, medites y declares estas promesas en voz alta, una o dos veces al día durante un mes. Luego, el resto de tu vida, memorízalas y hazlas tuyas, porque así es, ¡son tuyas! Ellas son vida para el que las recibe con fe.

Aférrate a las promesas. Ellas te salvarán cuando tengas miedo. Te recordarán de quién eres hijo.

LA ACCIÓN DE FE CURA EL MIEDO

Tus miedos debes enfrentarlos sabiendo que Dios está contigo. ¡Acciona! Cuando los enfrentas ellos desaparecen. Debes atreverte a romper la inercia que el temor ha producido en ti, dar pasos de fe en donde no te has atrevido, porque probablemente el temor te ha bloqueado y te aterra abrir esa puerta, porque tal vez crees que lo que encontrarás del otro lado es nefasto. Pero te puedo asegurar algo: cuando abras la puerta por fe, no encontrarás lo que el temor te dijo que había allí, al contrario, ¡encontrarás grandes milagros!

Si retrocedes ante el temor, Él crecerá y terminará dominando toda tu vida. Debes avanzar de frente a Él y este desaparecerá. Cuando Pedro caminó sobre las aguas se hundió segundos después porque tuvo miedo. Entonces, miedo es la falta de uso de la fe. Tú la tienes, pero a veces no la usas. O usas miedo o usas fe. Cuando hay miedo es porque debes usar la fe.

Tú no atraes lo que quieres, atraes lo que tú eres por dentro. Por eso, Dios nos da promesas, para que no tengamos ninguna otra posibilidad en nuestro corazón. Si Dios lo dijo, así es. Necesitas sacar tu miedo y fortalecer tu fe, pues tu futuro de incremento está ligado a tu fe.

Para terminar este capítulo, te invito a hacer una oración que declara el amor del Padre celestial sobre tu vida y sobre todo lo que haces. Te aseguro que un milagro sucederá cada vez que la leas y la atesores en tu corazón.

ORA CONMIGO

Estoy seguro de que Dios me ama inmensamente. Creo que Él me ama tanto que no va a permitir que nada malo me suceda. Dios me ama tanto que cualquier avión o automóvil donde yo me monte será protegido por ángeles, cualquier negocio que yo emprenda, o cualquier trabajo que realice, será bendecido y multiplicado. Dios, mi Padre celestial, me ama tanto que su bendición estará conmigo cada día, en cada circunstancia que atraviese, y en las adversidades que hoy vivo, me sacará en victoria. Dios me ama tanto que, por torpe que sea, me guardará aun de los enemigos que me son ocultos, y aun de mis errores Él me librará. Dios me ama tanto que lo malo que aparentemente me pase lo convertirá en doble bendición para mí.

Te invito hoy a tomar la decisión de nutrir tu mente con fe y no con temor. Sí, es una decisión, toma el control. Recuerda lo que vimos en el segundo capítulo que hay una guerra en nuestra mente, pero si nos paramos firmes, seremos los ganadores en esta batalla. El temor reside en nuestra mente, ahora, seamos nosotros quienes lo desalojemos.

Repite con fe:

Gracias, Padre celestial porque tu amor se lleva todo temor, y a partir de ahora decido vivir sin miedo a nada.

5

DERROTANDO EL DESÁNIMO

Necesitas un estado de ánimo nuevo, porque la misión que Dios tiene para ti es grande.

Los seres humanos somos proyectivos, soñadores y entusiastas por naturaleza. Pareciera que para nosotros es indispensable vivir la vida con asombro y exaltación. De ahí que nos tracemos metas, que iniciemos proyectos extraordinarios, que constantemente estemos desarrollando planes que nos apasionan. Para que se cumplan, trabajamos duro hasta alcanzarlos.

Sin embargo, no siempre es así. Una de las mayores frustraciones que podemos vivir es iniciar un proyecto, establecer metas, desarrollar un plan, trabajar duro, pero al final no lograr lo que esperábamos. El resultado de esto es que muchas veces perdemos el ingrediente principal con el cual todo funciona y sin el cual todo se cae: el ánimo.

Generalmente, alguien se muestra optimista o pesimista ante la vida de acuerdo a sus éxitos o a sus fracasos del pasado, porque el ánimo de cualquier persona va a influenciar la manera en cómo vive, su capacidad, su fuerza para trabajar y su disposición para lograr metas de manera ilimitada.

Un día descubrí que la clave es tener consciencia de esto, y lo he puesto en práctica. Cual termómetro, estoy pendiente de mi estado de ánimo y dependiendo de cómo esté, evalúo qué aspectos corregir en el camino para que mi motivación y mi ánimo me mantengan en el rumbo que proyecté inicialmente, porque de Él depende todo.

Algunos no han entendido este misterio, por lo cual, si en el transcurso de la carrera no alcanzan los objetivos, se decepcionan sin saber cuál es la verdadera causa.

EL ÁNIMO INFLUYE EN TODO

Un domingo, Jesús entraba a Jerusalén y la gente comenzó a gritar: «¡Hosanna en las alturas, bendito es el que allí viene!», pero cinco días después, esa misma gente gritaba: «¡Crucifíquenlo!».

¿Qué pasó?, ¿qué cambió en la gente que lo había recibido con gran alegría y cinco días después deseaban matarlo? Realmente no cambió mucho en el exterior de esas personas, pero sí fue afectado su interior. El ardor del pueblo, y de los que conspiraban contra Jesús, se debió a un cambio en su estado de ánimo.

Cuando llegó a Getsemaní, el mismo Jesús pidió a sus discípulos que lo acompañaran a orar, pues, estaba pasando por un momento muy duro. Creo que el más duro de su vida. Estaba a poco tiempo de ser crucificado. Dice la Biblia que su sudor «era como grandes gotas de sangre que caían a la tierra». Su estado de ánimo se encontraba grandemente afectado por el temor y la ansiedad, a causa de la inminente muerte que le esperaba.

Debemos comprender que los hombres somos seres integrales y nuestra personalidad actúa en estados anímicos que son afectados por los pensamientos que vienen a nuestra mente. Estos desencadenan reacciones físicas y emocionales, desarrollan distintas motivaciones y pueden fabricar un despliegue de energía ilimitada, deseos de trabajar o, por el contrario, un destructor estado de desánimo que bloquea nuestras fuerzas, nuestra motivación, y genera sensaciones que nos dicen: «Todo se acabó».

¡OH, SUSTO!

Una mala noticia nos puede producir diarrea, dolor de cabeza, taquicardia, gastritis, sudoración en las manos y un sinnúmero de reacciones negativas.

Me ha pasado muchas veces que me llama alguien para decirme que necesita hablar conmigo algo urgente, que tiene algo muy importante que decirme y, antes de reunirme con esa persona, mi mente ya ha creado múltiples escenarios de lo que posiblemente pudiera estar sucediendo, me lleno de ansiedad. ¿Te ha pasado algo similar? La realidad es que mi mente estaba programada para recibir una mala noticia. Si es un socio, pienso, por ejemplo, que me va a decir que el negocio no salió como lo esperábamos. Si es un amigo, pienso que me va a confesar que un familiar tiene una grave enfermedad. Si es la gerente del banco, creo que me va a decir que las puertas se cerraron. Si es un líder de la iglesia, creo que me va a decir que se va, etcétera.

Por mucho tiempo, estos son los tipos de pensamientos y preocupaciones que han invadido mi mente y, por lo tanto, han afectado mi estado de ánimo y aún quieren hacerlo, lo que me causa dolor de estómago, parálisis total de mi rutina diaria, un terrible miedo en el pecho o, simplemente, desánimo sin causa aparente.

Descubre con prontitud los síntomas del desánimo para corregirlo a tiempo, antes de que destruyan tus planes y tu rutina.

La mayoría de las veces que la gente me dice que debe hablar conmigo urgentemente no se trata de malas noticias, generalmente son buenas noticias que desean darme personalmente. Son grandes bendiciones, respuestas positivas a oraciones, pero lamentablemente, a causa de la ansiedad que viví, el daño ya fue hecho y no puedo retroceder el tiempo. Por supuesto, algunas noticias sí son malas, pero al final del día los problemas de alguna manera siempre tienen solución.

Estas experiencias me han llevado a prestarle gran atención a este aspecto y me han llevado a hacerme una serie de preguntas constantemente: «¿Estoy animado o desanimado?», «¿qué está causando mi desánimo?», «¿cómo puedo mantenerme animado?», «¿cómo puedo derrotar el desánimo que me atacaba constantemente?».

TU ÁNIMO DEPENDE DE CÓMO ESTÉ TU CORAZÓN

Moisés, huyendo del palacio por haber matado a un egipcio, se fue al desierto. Ya tenía cuarenta años allí y se encontraba cansado, había perdido su juventud, no tenía riquezas y tampoco tenía esperanza. De pronto, uno de esos días Dios se le apareció en una zarza ardiendo (un árbol prendido en llamas, pero que no se quemaba). Dios le estaba encomendando un proyecto de batalla impresionante, nada más y nada menos que ir adonde el faraón en nombre del "Yo Soy" para decirle que dejara salir a su pueblo. Pero antes de enviarlo, Dios le hizo un test a Moisés para saber cómo estaba su ánimo.

Como está tu corazón estará el ánimo que empuja tu vida. Y Dios estará allí para mudarlo en un ánimo nuevo, para que ganes batallas inimaginables.

Éxodo 4:6-7 (RVR 1960) dice lo siguiente: «Y añadió el Señor: Ahora mete la mano en tu seno. Y Él metió la mano en su seno, y cuando la sacó, he aquí, su mano estaba leprosa, blanca como la nieve. Entonces Él dijo: Vuelve a meter la mano en tu seno. Y Él volvió a meter la mano en su seno, y cuando la sacó de su seno, he aquí, se había vuelto como el resto de su carne».

Moisés sacó la mano de su corazón y se volvió leprosa, luego la volvió a meter y apareció sana. En otras palabras, el estado de ánimo (de su corazón) estaba lleno de lepra. Espiritualmente, Dios le estaba diciendo que no estaba en la condición emocional para enfrentar ese gran proyecto. Los cuarenta años en el desierto habían afectado su salud emocional y debía hacer algo al respecto.

Dios le estaba diciendo a Moisés: «Voy a sanar tu estado de ánimo porque has sufrido, y con ese desánimo profundo no podrás cumplir los planes que tengo para ti. Enfrentarás al faraón, y a su ejército, el más poderoso del mundo, pero necesitas ánimo y espíritu de victoria». En otras palabras, Dios le estaba diciendo: «Moisés, tú necesitas un estado de ánimo nuevo, porque la misión que tengo para ti es grande y voy a levantar tu ánimo».

Si te identificas con Moisés en esto, te tengo una noticia: Dios puede derrotar tu desánimo y cambiarlo por un estado de ánimo extraordinario. Recuerda, el estado de ánimo es el estado del corazón, es la condición de la psiquis, del mundo interior del hombre, que representa su espíritu, su aliento, su principio vital y que determina su condición interna, su actitud, el espíritu con que camina.

Dependiendo de cómo esté tu principio vital, así vas a estar tú, así vas a ser y a vivir.

LA MENTE Y EL CORAZÓN: ¿UNA SOLA CONEXIÓN?

En el estado de ánimo no solo influye la mente, sino el corazón como órgano físico. Sin ser cardiólogos podemos entender por qué hay personas que reciben fuertes noticias y sufren graves infartos o derrames cerebrales. Su estado de ánimo desató en ellos un sinnúmero de reacciones que paralizaron su corazón y su mente, y que llegaron muchas veces a acabar con sus vidas.

Hay una nueva especialización en la medicina llamada neurocardiología[3]. Este nuevo concepto define claramente lo que ya se sabía de manera empírica y que los científicos querían comprobar: que hay una relación incuestionable entre la salud de nuestro cerebro y de nuestro corazón.

Si nuestra mente está sana y constantemente sosegada, llena de esperanza y optimismo, si evitamos pensamientos preocupantes, nuestro corazón no tendrá motivos para alterarse y, por lo tanto, se encontrará sano en todo su esplendor. Se ha demostrado que enfermedades como el alzhéimer, los accidentes cerebrovasculares y la hipertensión están relacionadas con el estado del corazón.

Los estudios en neurocardiología nos dan información muy interesante para comprender más profundamente los beneficios de desarrollar una vida con ánimo y nos dicen cómo hacerlo a partir de los siguientes descubrimientos:

- El corazón produce suficiente energía en una hora como para levantar un objeto de dos mil libras a tres metros del suelo.

- En una hora y quince minutos el corazón podría levantar un Toyota Prius.

- La fuente eléctrica de los latidos del corazón se encuentra en el corazón, no en el cerebro.

---

3   Gelpi, R. y Buchholz, B. (2018). *Neurocardiología: aspectos fisiopatológicos e implicaciones clínicas.* Elsevier editions.

- El impulso eléctrico de cada latido del corazón se puede medir a un metro de distancia del cuerpo.

- El impulso eléctrico del corazón es de cuarenta a sesenta veces más fuerte que el del cerebro.

- El impulso eléctrico del corazón es muchas veces más fuerte que cualquier otro impulso eléctrico de cualquier órgano en el cuerpo.

- Las señales del corazón influyen en los procesos del cerebro, y las del cerebro, en el corazón.

- El corazón se comunica con el cerebro por medio del campo electromagnético.

- El corazón tiene un campo magnético cinco mil veces más fuerte que el campo magnético del cerebro.

- El sistema nervioso del corazón actúa como una antena de los campos electromagnéticos de los corazones de otras personas hasta a una distancia de 1.5 metros.

- El corazón de una persona puede sentir el corazón de otros. Con esto explicamos el porqué de las corazonadas y lo que sentimos cuando estamos cerca de ciertas personas; a esto le llamamos corazonadas e intuiciones.

- La electricidad generada por el corazón puede ser detectada y medida en los patrones del cerebro de otra persona cercana.

Cuando yo leí esto, enseguida entendí muchas cosas y me llené de asombro. Es impresionante la energía que emana nuestro corazón y nuestra mente. Es increíble la conexión tan estrecha que hay entre estos órganos; por eso, la calidad de los pensamientos que bordean nuestra mente puede afectar para bien o para mal nuestro corazón, es decir, nuestros sentimientos y emociones.

Si tu estado de ánimo es de derrota, tus pensamientos serán de derrota; si es de tristeza, tus pensamientos serán de tristeza. Pero si tu estado de ánimo es de victoria y conquista, tú tendrás pensamientos de victoria y de conquista y, sin duda, eso es lo que vendrá a tu vida.

Un corazón lleno de fe tendrá un estado de ánimo robusto que influirá en tu estado de salud física y emocional. Proverbios 18:14 (BAD) lo confirma de esta manera: «En la enfermedad el ánimo levanta al enfermo, pero ¿quién podrá levantar al abatido?». Jesús, en el huerto de Getsemaní, antes de ser crucificado sudaba grandes gotas de sangre porque era la respuesta de su cuerpo a su estado de ánimo, ya que había una interacción entre su ánimo, sus pensamientos y su cuerpo. Él mismo dijo: «Mi alma está muy triste hasta la muerte».

El corazón envía más información al cerebro que el cerebro hacia al corazón. El sistema vascular del corazón es de 60 000 kilómetros de largo y se puede envolver dos veces alrededor de la tierra. La lección es que no podemos separar el ánimo de la salud de nuestro corazón y de los pensamientos que controlan nuestra mente. Todo está relacionado.

El estado de ánimo determina cuáles son las hormonas que segregan las glándulas de tu cuerpo por orden del cerebro, como la adrenalina y las endorfinas. Cualquier médico te puede decir que más del 70 % de las enfermedades provienen del alma (las emociones). Por eso, vemos que el proceso de envejecimiento se acelera cada día más, y hay personas que se sienten enfermas la mayoría del tiempo, pero cuando les haces un examen médico, no tienen nada físico, pues, su problema es mental y emocional.

El estado de ánimo determina los niveles de cortisol en la sangre, que es la sustancia que segrega nuestro cuerpo cuando estamos sometidos a situaciones de peligro. Imagínate estar expuesto a estrés por mucho tiempo, o todo el tiempo. Esto hace que aumenten los latidos del corazón, que se eleven los niveles de azúcar, que se endurezcan las arterias, que se dañe la digestión. El estrés prolongado produce diabetes, reumatismo, triglicéridos altos, problemas del colon, dolor de cabeza, migrañas, entre otros, y con estos síntomas viene la ingestión de medicamentos que no arreglan el problema.

Si tienes un estado de ánimo alegre, tu cuerpo va a estar saludable.

Años después de que Dios llamara a Moisés, ya con un estado de ánimo balanceado, el Padre le dijo que cuando le tocara ir a su presencia, no se iba a morir de cáncer, ni de los pulmones, tampoco de un ataque al corazón. No se iba a quedar inválido, no iba a padecer de artritis, ni mucho menos de Parkinson. De Moisés, con ciento veinte años al día de su muerte, la Biblia dice que nunca perdió su vigor y sus ojos no se oscurecieron, a pesar de que a Él no le tocó nada fácil; sus años estuvieron llenos de lucha: tuvo lucha con el faraón, con el pueblo, con los hermanos, quejas porque no había agua o comida, porque no querían maná, porque querían regresarse a Egipto, y así transcurrieron veinte, treinta, cuarenta largos años...

¿Cómo derrotar el desánimo?

LA FE PRODUCE ÁNIMO Y EL ÁNIMO, ÉXITO

Un ejemplo maravilloso para hablar de ánimo es la historia del pueblo de Israel antes de cruzar el mar Rojo, cuando estaban siendo perseguidos por el ejército del faraón y estaban a punto de morir a manos de ellos. El pueblo estaba quejándose, renegando y maldiciendo, pero algo pasó de repente. Dios abrió el mar Rojo en dos y ellos cruzaron sin ningún problema, pero cuando el ejército de Faraón quiso cruzar, Dios los ahogó, puesto que el mar Rojo se cerró. Los enemigos de Israel fueron desaparecidos.

Después de que los israelitas cruzaron el mar, estos alababan y glorificaban a Dios con cánticos y danzas. ¿Qué había pasado? Un acto milagroso que trajo una gran victoria cambió el desánimo y la derrota que habían sentido por un estado de ánimo contagioso y generalizado para todo el pueblo. La fe y el ánimo de Moisés produjo un cambio en su gente.

De esta historia sacamos otra gran lección, si somos líderes tenemos la responsabilidad de influir con nuestro estado de ánimo a nuestros seguidores, a nuestros familiares, a nuestros compañeros de trabajo, de negocios, de la universidad y, en cualquier proyecto en el que estemos, tenemos la oportunidad de transferir un estado de ánimo de esperanza a aquellos que la han perdido.

Un líder no puede ser líder si no tiene ánimo.

Una persona de fe tendrá un estado de ánimo victorioso. Según la neurocardiología, el estado de ánimo determinará nuestra energía mental, y nuestra energía mental determinará nuestra actitud hacia la vida.

Por eso, nos vamos a encontrar con gente que no es productiva, que le cuesta desarrollarse en su trabajo o donde sea que estén cumpliendo una función. Son personas a quienes hay que estar empujándolas siempre para todo, hay que estarles diciendo lo que hay que hacer, no son productivas, no tienen iniciativa no son proactivos.

No es que no sean inteligentes, al presentar un examen de coeficiente intelectual pueden sacar muy buen puntaje. Su problema es su estado de ánimo, el cual les ocasiona baja energía cerebral, lo que desencadena una actitud pasiva en el matrimonio, el trabajo, los estudios, los negocios o en el ministerio. Por el contrario, encontraremos gente que no tiene tanta «inteligencia», o poca preparación y recursos, pero son activos, tienen energía, son positivos, siempre tienen ánimo y sin duda casi siempre logran todo lo que se proponen. ¡Creo que tú eres uno de esos! Eres de los míos.

El ánimo nos lleva a alcanzar nuestros sueños.

Lo mismo ocurre con esas personas que en la universidad fueron los mejores estudiantes. Su calificación fue siempre uno-A-plus, sin embargo, cuando los encontramos años más tarde, nos damos cuenta que en la vida no hacen nada fuera de lo común, no han desarrollado con éxito una familia, un empleo o cualquier proyecto en general. Se mantienen en el promedio o debajo del promedio. En cambio, a otros que no fueron tan buenos en sus estudios, y más bien algo indisciplinados, los vemos con una buena casa, con tremendos negocios, con una extraordinaria esposa o esposo, y van hacia adelante en todo lo que se proponen.

Con esto no menosprecio a quien fue o es excelente estudiante. Esto no quiere decir que no será exitoso si se lo plantea, pero lo que sí está comprobado es que, aunque no hayas tenido la mejor preparación o el mejor comportamiento en tu infancia, si desarrollas ánimo en la vida, será mucho más probable que llegues a grandes alturas.

También te encontrarás con gente que duerme cuatro horas, máximo cinco, y se levantan activos, con energía y con propósitos definidos. Otros duermen diez, doce horas y todo el tiempo andan cansados. Esto se debe al desánimo y a la baja energía que su cerebro y su corazón producen.

Cuando nuestro corazón está centrado en la palabra de Dios, nuestro estado de ánimo está equilibrado, porque no depende de las circunstancias que nos rodean, sino de la verdad que Dios ha dicho acerca de nosotros.

Al respecto podemos citar a Santiago 1:6-8 (RVR 1960) que dice: «Pero pida con fe, no dudando nada, porque el que duda es semejante a la onda del mar, que es arrastrada por el viento y echada de una parte a otra. No piense, pues, quien tal haga, que recibirá cosa alguna del Señor. El hombre de doble ánimo es inconstante en todos sus caminos».

El Libro de Santiago nos entrega otra perla. Si no aprendemos a desarrollar un estado de ánimo estable, lo más seguro es que seremos inconstantes en todo lo que hagamos. Nunca podremos finalizar lo que nos proponemos.

Son muchas las personas que me he encontrado en el camino del liderazgo que tienen grandes ideas, grandes sueños, proponen miles de cosas, pero cuentan con gran dificultad para desarrollar bien, por lo menos, una sola idea. No son constantes, no perseveran y no permanecen hasta el final.

Este principio aplica para todo. Para los estudios, el matrimonio, como esposos, padres, hijos, maestros, vendedores, dentistas, ingenieros, científicos, pastores, predicadores, amas de casa (el trabajo más difícil del mundo y menos remunerado). Todo rol y todo proyecto, meta y propósito, requiere constancia y dedicación. Y el ánimo es indispensable, sobre todo en los momentos en que las situaciones se tornan más difíciles.

La gente de doble ánimo es inconstante en todos sus caminos y su falta de fe no le permite hacer realidad las promesas de Dios en sus vidas.

Job 22:28 (LBLA) dice: «Decidirás una cosa, y se te cumplirá, y en tus caminos resplandecerá la luz». Lo que quiere decir el predicador es que todo lo que nos propongamos con ánimo, firmeza y entusiasmo se cumplirá, porque a Dios le gusta bendecir a los que tienen un estado de ánimo vigoroso.

Querido lector, si tienes ánimo, serás capaz de enfrentar cualquier reto que se presente delante de ti.

En cuanto a esto, un ejemplo que me gusta mucho es el de Nehemías. Él se atrevió a liderar y desarrollar un proyecto desafiante. Dios puso en su corazón la tarea de levantar los muros de Jerusalén que habían estado caídos por años (Nehemías, capítulos 1 y 2).

Entonces, el profeta oró a Dios y pidió su favor. Definitivamente, Dios respondió, pues el rey al que servía Nehemías, que creía en dioses paganos, le proporcionó permisos, protección en el viaje, recursos y todo lo necesario para afrontar este proyecto. Sin embargo, el mayor desafío era convencer a su pueblo de que era el tiempo para hacerlo y lograr que tuvieran ánimo.

Fue así como en 52 días Nehemías, con su equipo, logró una hazaña nunca vista hasta ese momento. Lograron en ese corto tiempo lo que no pudieron hacer en décadas, y ya sabemos cuál fue el ingrediente principal que los llevó al éxito de ese proyecto de gran envergadura. La Biblia dice que el pueblo tuvo «ánimo» para trabajar.

> **«Y edificamos la muralla hasta que toda estaba unida hasta la mitad de su altura, porque el pueblo tuvo ánimo para trabajar» (Nehemías 4:6).**

Estimado lector, seguramente hoy estás afrontando algún tipo de desafío, pero te reto a que cobres ánimo, pues estoy seguro de que la puerta se abrirá, la estrategia aparecerá, el recurso llegará y el milagro lo tendrás en tus manos.

Al caminar en fe sabemos que cuando se cierra una puerta, una y otra vez, tal vez es que Dios está revisando cómo está nuestro estado de ánimo, porque al final, si perseveramos, Él nos abrirá una más grande de lo que imaginábamos.

Estoy seguro de que una de las medicinas más espirituales es descansar. No solo el descanso físico, sino también el emocional. Números 21:4 (RVR 1960) dice que: «Después partieron del monte de Hor, camino del mar Rojo, para rodear la tierra de Edom; y se desanimó el pueblo por el camino». Cuando tenemos que andar un camino largo, lleno de pruebas, es cuando más necesitamos ánimo.

El día de hoy todas las condiciones están dadas para que te enfermes, para que te llenes de estrés a causa de cientos de circunstancias difíciles, problemas en el trabajo, problemas con los hijos, embargos, problemas en el matrimonio, pero, así como el ánimo de Moisés estaba dirigido por el Espíritu Santo, también este lo hará por ti. Dios le dijo: «Mi presencia irá contigo y yo te daré descanso».

VISIÓN ESPIRITUAL = ÁNIMO SOBRENATURAL

Una visión espiritual de las situaciones hará que lo que estés viviendo, o lo que vas a vivir algún día, en vez de producirte temor, angustia, desvelo o alguna enfermedad del alma o física, te haga salir triunfante y sin duda. De esa forma podrás enfrentar mejor cualquier desafío en tu vida.

Veamos lo que dice 2 Reyes 6:16-17 (LBLA) en cuanto a esto: «Y Él respondió: No temas, porque los que están con nosotros son más que los que están con ellos. Eliseo entonces oró, y dijo: Oh Señor, te ruego que abras sus ojos para que vea. Y el Señor abrió los ojos del criado, y miró que el monte estaba lleno de caballos y carros de fuego alrededor de Eliseo».

En este pasaje bíblico vemos que Eliseo y su escudero fueron rodeados por los ejércitos enemigos del rey de Siria. Eliseo tenía una visión espiritual y podía ver el ejército enemigo, pero también veía ángeles alrededor que los protegían. Sin embargo, su criado solo veía el enemigo. El resultado fue mucho temor. Estaba profundamente asustado. Por esto el profeta pidió a Dios que «abriera sus ojos espirituales», y así vio. Es preciso entender que estaba pidiendo que se abrieran sus ojos al mundo espiritual, al mundo invisible, a nuestros ojos naturales. Cuando sus ojos se abrieron, pudo ver que la montaña no solo tenía los ejércitos enemigos, también había caballos y carros de fuego junto con ángeles preparados para defenderlos.

Una visión espiritual diferente a la natural cambió el estado de ánimo y la fe del escudero de Eliseo. De la misma manera, hoy pudiera haber un cambio en tu estado de ánimo y en tu actitud de vida si logras ver lo que Dios ha puesto en tu favor, en vez de fijar tu mirada en las imposibilidades y las circunstancias adversas que te rodean día a día.

Daniel 6:22-23 (RVR 1960) dice así: «Mi Dios envió su ángel, que cerró la boca de los leones, y no me han hecho daño alguno porque fui hallado inocente ante Él. Y tampoco ante usted, oh rey, he cometido crimen alguno. El rey entonces se alegró mucho y mandó sacar a Daniel del foso. Cuando Daniel fue sacado del foso, no se encontró en Él lesión alguna, porque había confiado en su Dios».

En el Libro de Daniel vemos una situación terrorífica para cualquiera de nosotros: estar metido en un foso lleno de leones hambrientos.

Daniel no tenía escapatoria. Por difamación de sus enemigos habían obligado al rey a meterlo allí. Pero las escrituras dicen algo vital para nuestro aprendizaje acerca de Daniel y su relación con el Creador, que Daniel «confiaba en su Dios».

Su confianza lo llevó a tener una visión espiritual diferente y un estado de ánimo increíble en medio de una escena tenebrosa. ¿Te imaginas estar rodeado de leones hambrientos y no saber qué hacer, no teniendo a dónde ir y sin conocer cuál es la salida? De esta misma manera yo me sentí muchas veces: sin salida, sin saber qué hacer y, además, confundido por la situación, pero se supone que, si confiamos en Dios, nada malo pasará.

Tener una visión del mundo espiritual nos otorga un estado de ánimo sobrenatural.

Las escrituras demuestran que el rey no estaba con paz en su corazón. El rey Nabucodonosor estaba aturdido, porque a pesar de que no adoraba al Dios de Daniel, sabía que Daniel era un hombre piadoso y que su Dios era poderoso. A la mañana siguiente, el rey le preguntó a Daniel cómo estaba. El solo hecho de pensar que Daniel estaba en peligro de muerte lo aturdía. A la pregunta, Daniel contestó así: «Mi Dios envió su ángel, que cerró la boca de los leones, y no me han hecho daño alguno porque fui hallado inocente ante Él. Y tampoco ante usted, oh rey, he cometido crimen alguno» Daniel 6:22 (RVR 1960).

El ánimo de Daniel era extraordinario, y más se avivó al ver cómo un ángel enviado por Dios tapaba la boca de los leones y no pudieron hacerle ningún daño. ¿No te parece increíble? Ese mismo Dios que tapó la boca de los leones que rodeaban a Daniel puede enviar ángeles alrededor de ti para tapar la boca de los que te maldicen, de los que envían mensajes de muerte hacia ti, mensajes de desolación, tristeza, angustia, o de aquellos que te aseguran que simplemente no hay salida y todo se acabó. La clave para Daniel y para ti es: ¡confianza!, porque una visión espiritual diferente nos puede dar confianza absoluta y nos blinda contra la ansiedad, el temor y la preocupación.

DIOS MUDA NUESTRO ESTADO DE ÁNIMO

En todos los procesos de nuestra vida interviene el estado de ánimo o el estado del corazón. Nos afecta tanto que podemos estar disfrutando de un momento de extrema felicidad, acabamos de graduarnos con honores, nos acaban de dar el aumento salarial que habíamos deseado, o se abrió la puerta por la que habíamos estado esperando por mucho tiempo, pero un dolor de muela que nos ataque de improvisto nos quita la paz, el gozo, el entusiasmo y daña toda la celebración.

Al respecto revisemos un pasaje bíblico, 1 Reyes 19:2-5 (RVR 1960) dice que: «Entonces Jezabel envió un mensajero a Elías, diciendo: Así me hagan los dioses y aun me añadan, si mañana a estas horas yo no he puesto tu vida como la vida de uno de ellos. Elías tuvo miedo, y se levantó y se fue para salvar su vida; y vino a Beerseba de Judá y dejó allí a su criado, y anduvo por el desierto un día de camino, y vino y se sentó bajo un arbusto; pidió morirse y dijo: Basta ya, Señor, toma mi vida porque yo no soy mejor que mis padres. Y acostándose bajo el arbusto, se durmió; pero un ángel lo tocó y le dijo: Levántate, come».

Fue impresionante lo que le sucedió al profeta Elías. Acababa de tener una batalla terrible contra cuatrocientos profetas de Baal. ¡Los mató a todos! Dios hizo caer fuego del cielo por su oración, y Jezabel, la reina malvada, lo amenazó de muerte, siendo tan atrevida que le puso hora a su muerte. Ella dijo: «Mañana a estas horas estarás muerto» y Elías creyó esa amenaza. Dice la Biblia que se llenó de miedo y cayó en un profundo estado de depresión que quiso hasta morirse.

Este ejemplo nos muestra cómo de un estado de ánimo de victoria, y después de vivir milagros extraordinarios, podemos pasar a querer quitarnos la vida. ¿Por qué? Creo, de manera personal, que el profeta no supo manejar el equilibrio entre el cansancio físico y su cansancio emocional. La tensión vivida en el monte Carmelo, durante la pelea contra los cuatrocientos cincuenta brujos, lo atascó emocionalmente, y aunque espiritualmente estaba fortalecido, ese fue su talón de Aquiles. No estaba preparado para recibir una amenaza más, y de la propia reina maleada Jezabel.

Debemos entender que Jezabel es un espíritu que viene a amenazar y amedrentar nuestra autoridad, a traer intimidación para frenar los planes y el avance de quienes hemos decidido servir a Dios y vivir una vida sobrenatural y de fe. La verdad es que Jezabel no mató a Elías al siguiente día, ni a la semana y nunca pudo matarlo. Elías fue tomado por Dios en un torbellino de fuego. Jezabel nunca pudo cumplir su propósito, y así mismo nosotros debemos desarrollar fortalezas en nuestra mente para entender que los mensajes de amenaza e intimidación son mentira. Nunca se cumplirán.

Elías tuvo que recibir ayuda de un ángel que lo levantó y le dio pan y agua del cielo. Así corrió cuarenta días y cuarenta noches hasta llegar a la montaña que Dios le designó para mostrarle el camino a seguir. Es increíble lo que podemos hacer cuando nuestro estado de ánimo es tocado por Dios. ¡Un día quería morirse, y al otro día tuvo energía para correr cuarenta días y cuarenta noches!

¡Yo quiero eso, quiero que Dios toque mi corazón y me dé el ánimo para seguir adelante!

Para finalizar este capítulo quiero hacer énfasis en una cosa, Dios quiere hacer milagros en tu vida, pero necesita que levantes el ánimo. En un pasaje Jesús le dijo a un paralítico: «Ten ánimo, tus pecados te son perdonados». Él no venía a que le perdonaran los pecados, Él venía por su milagro de sanidad, pero antes del milagro Jesús quería levantar su ánimo.

Antes de que recibas milagros, Dios quiere levantar tu ánimo.

Quiero decirte que el mejor doctor del estado de ánimo es el Espíritu Santo. Búscalo con todo tu corazón y pídele que su poder se perfeccione en tus debilidades, porque ¡grandes cosas hará Dios contigo!

Quiero que contestes las siguientes preguntas que te ayudarán a identificar cómo está tu estado de ánimo:

1. ¿Cuál es tu actitud al levantarte todos los días?

2. ¿Las malas noticias afectan notablemente tu manera de pensar y tu estado de ánimo?

3. ¿Logras mantener la paz a pesar de las circunstancias que te rodean?

4. ¿Qué circunstancias específicas estás viviendo que te producen estrés, impaciencia o insomnio?

5. ¿Qué te dice Dios acerca de estas circunstancias?

Para ir al siguiente capítulo quisiera que declararas en voz alta las oraciones del primer capítulo e hicieras esta oración, pidiendo al doctor del ánimo algo nuevo:

Amado Espíritu Santo, te pido que toques mi corazón y mi mente y que te lleves todo aquello que me ha producido angustia, preocupación o afanes. Sé que tienes el control de todo en mi vida y que tienes un futuro que produce esperanza en mí. Hoy decido confiar en ti y creo que cualquier enfermedad que en mi cuerpo se manifestó, a causa de estrés o ansiedad, se va de mi vida. Creo que, por tu poder, de manera sobrenatural mi mente recibe salud, mi corazón recibe ánimo y mi cuerpo recibe fuerzas para conquistar todas las promesas que aún no he disfrutado, pero tú ya me las diste. Recibo ahora mismo la paz que sobrepasa todo entendimiento y creo que esta misma semana veré señales evidentes en mi estado de ánimo y en las circunstancias que me rodean. Me preparo para recibir milagros extraordinarios. Te doy gracias Espíritu Santo. ¡Amén!

6

POR FAVOR, ¡SÉ FELIZ!

*La felicidad y alegría comienzan
en nuestra mente.*

EL DÍA EN QUE CONOCÍ LA FELICIDAD

Recuerdo el día en que mi mamá me dijo que por fin podíamos ir a comprar la bicicleta de marca para asistir a la competencia. ¡Era un sueño hecho realidad! Yo tenía aproximadamente trece años y había comenzado a entrenar bicicrós de manera profesional, pero sin una buena bici ¡era imposible! Con gran sacrificio mi mamá hizo de las suyas y después de mucho tiempo lo tan esperado llegó. Era una bicicleta marca Redline, de marco niquelado, la última en su estilo.

Mi alegría fue tan grande que ese mismo día, un sábado, desarmé mi bicicleta vieja y pasé casi toda la noche armando la nueva, porque al día siguiente tenía competencia. La alegría que produjo en mi corazón tener lo que tanto había querido me dio una fuerza casi anormal que hasta sin ayuda de nadie la armé. No me importó tener que irme a dormir casi a las 2:00 a. m. para levantarme a las 7:00 a.m. a iniciar la preparación para la competencia. Ese fue el día en que entendí el efecto tan grande que puede producir en nuestra vida un corazón alegre y ser feliz.

Dios nos llevará de la cautividad a la risa.

El salmo 126 (LBLA) dice: «Cuando el Señor hizo volver a los cautivos de Sion, éramos como los que sueñan. Entonces nuestra boca se llenó de risa y nuestra lengua de gritos de alegría; entonces dijeron entre las naciones: Grandes cosas ha hecho el Señor con ellos. Grandes cosas ha hecho el Señor con nosotros; estamos alegres. Nuestra lengua se llenará de júbilo».

Este pasaje del Libro de los Salmos nos habla del momento cuando Dios saca de la esclavitud a su pueblo, declara la inmensa alegría que ellos tenían, y cómo su boca se llenó de risa, ellos estaban alegres. Este es el punto en el cual quiero llamar tu atención. Este capítulo fue escrito para que imagines lo que pudiera suceder si de manera intencional eres más feliz, si de manera intencional buscas la manera de reír más a menudo. ¿Tienes idea de lo que pudiera ocurrir?

La felicidad es un estado de ánimo del que disfrutamos al tener lo que deseamos. La alegría es un sentimiento grato y vivo, producido por un motivo placentero que, por lo común, se manifiesta con signos externos, y el júbilo se refiere más a una alegría extrema.

¿Te has puesto a pensar cuánto ríes? ¿Cuánto tiempo de tu vida dedicas a ser feliz, a disfrutar de las cosas que te gustan? Al reír son muchos los beneficios que circulan por todo nuestro cuerpo y espíritu.

Dios dice que Él tiene la capacidad de producir felicidad en nosotros, que Él puede hacernos alegres y darnos júbilo de tal manera que nuestra boca esté permanentemente llena de risa. Por eso, quiero aseverar algo: si tú no te ríes en esta vida, no puedes decir que eres feliz. No pretendo cambiar tu estado de ánimo totalmente, ni tu personalidad, pero te aseguro que al final de este capítulo reirás más a menudo.

La gente que aprende a soñar, a imaginar, en su corazón es alegre y feliz, porque tienen expectativa positiva del futuro, tienen esperanza, la seguridad de que algo mejor viene pronto.

La alegría es un estado de ánimo, así como la tristeza, la depresión y la angustia. Y así como las últimas causan graves daños a nuestra salud mental, emocional y física, la alegría genera grandes beneficios que son incalculables. Es por esto que no podemos tomar a la ligera la capacidad sobrenatural que Dios nos ha dado para ser felices.

Una de las preguntas que nos ayuda a avanzar en el tema de la alegría es: «¿qué me hace feliz?». Dicho de otra forma: «¿qué me causa momentos de alegría?». En mi caso, hay varias cosas que me generan momentos de felicidad o pensamientos alegres. Ir de vacaciones con mis hijas y mi esposa me llena de mucho gozo, compartir la cena con ellas también me causa gran alegría, ver una buena película de cine con mi esposa o con buenos amigos, saber que mis hijas son bendecidas en su vida diaria o que logran grandes objetivos, recibir la cosecha de un negocio, la consolidación de algún proyecto, ver gente transformada, la cual un día vino con noticias extremadamente desagradables a la iglesia y hoy su vida está llena de felicidad.

Son muchas las cosas que me hacen feliz a mí. Ahora, lo importante es que tú seas consciente de cuáles son las que te hacen feliz a ti, pues en esas cosas es en las que más deberías invertir. Alguien me enseñó un día que una de las cosas que causan mayor infelicidad es trabajar en algo por obligación y no por gusto. En este ejemplo yo no quepo, porque he hecho siempre lo que de verdad me gusta, he dedicado mi vida a ayudar a miles de personas, a enseñar a otros a seguir a Jesús y a vivir una vida de relación íntima con el Padre celestial. Esa es mi pasión, mi trabajo me hace muy feliz, lo haría gratis si fuera posible, y de hecho ha sido así por mucho tiempo.

Pues bien, estimado lector, ¿a qué te dedicas?, ¿en qué trabajas?, ¿qué estás estudiando?, ¿te hace feliz?

LA PRESENCIA DEL PADRE ES NUESTRA ALEGRÍA

Veamos lo que dice el Libro de los Salmos 21:6 (RVR 1960) con atención: «Porque lo has bendecido para siempre, lo llenaste de alegría con tu presencia». En el salmo 68:3 (RVR 1960) dice: «Mas los justos se alegrarán, se gozarán delante de Dios, y saltarán de alegría». Dios promete que en su presencia nos llenará de alegría, que caminando con Él, en sus promesas, encontraremos gozo, que aquel al que Él bendice dará saltos de alegría.

Cuando Dios nos bendice, recobramos la capacidad de ser felices y de reírnos. ¿Por qué? Porque desafortunadamente este mundo está lleno de tristezas, de angustias y desenfreno. La mayoría de la gente vive la vida encontrándose con malas noticias y soportando el hecho de vivir. A eso la Biblia lo cataloga como una vida de maldición, que viene como consecuencia de vivir separados de Dios. Tal vez algún día anduviste triste, quejándote, murmurando y siendo muy negativo por las circunstancias de tu vida cotidiana. Pero al vivir cerca de Dios, tu padre, recibirás su bendición, es decir, serás empoderado para tener éxito en todo.

Los que estamos bendecidos caminamos alegres y gozosos. Esto no quiere decir que no llegará un día malo, o que no recibiremos malas noticias, como lo dicen las Sagradas Escrituras, o que nada malo sucederá en nuestra vida, pero sí nos asegura que, a pesar de las circunstancias adversas, nuestro estado de ánimo estará invadido por la alegría constantemente.

Debemos entender que fuimos diseñados por Dios para caminar cerca de Él y dependiendo de Él. En el huerto del Edén, Adán y Eva perdieron esa oportunidad y hubo una «modificación» en ese diseño, por lo cual el hombre tuvo que arreglárselas por sí mismo para «encontrar» la felicidad, sin saber que ese vacío en lo más profundo del corazón solo lo llena Dios.

Dios es nuestro lugar de origen y separados de Él, dijo Jesús, nada podemos hacer. Es por esto que cuando regresamos a nuestro diseño original, vivir cerca de Dios padre, siendo llenados por su presencia, seremos completamente felices, a pesar de las adversidades propias de la vida; de lo contrario, el vacío será tan grande que ninguna carrera, logro, éxito financiero o meta alcanzada, podrá llenar el corazón de aquellos que han decidido vivir lejos de Dios. Saltaremos de alegría estando cerca de Él.

LA QUÍMICA DE LA ALEGRÍA

¿A cuántos les gusta estar con gente amargada, deprimida, triste y sin ánimo? ¡A nadie! ¿A cuántos les gusta estar con gente feliz, alegre, que disfruta la vida y que tiene buen ánimo? ¡A todo el mundo!

Yo he atendido en mis consultas a muchas parejas de novios y de matrimonios en las cuales las mujeres son muy bonitas y los hombres no lo son tanto. Siempre me he preguntado cómo es posible que una mujer tan bonita se enamore de un hombre tan feo. La respuesta es simple, estos hombres hacen felices a esas mujeres, las hacen reír y a su lado la pasan bien.

La risa afecta positivamente nuestro sistema nervioso, mental y emocional.

Proverbios 12:20 (RVR 1960) dice: «Engaño hay en el corazón de los que piensan el mal, pero alegría en el de los que piensan el bien». Y en Salmos 94:19 (RVR 1960) se afirma lo siguiente: «En la multitud de mis pensamientos dentro de mí, tus consolaciones alegraban mi alma».

Cuando una persona se ríe de verdad, en su cerebro se liberan endorfinas, neurotransmisores secretados por la glándula pituitaria del cerebro, que tienen un efecto de tipo opiáceo similar a la morfina. También se libera un neurotransmisor cerebral llamado dopamina, que está muy relacionado con los estados psicológicos de bienestar. Asimismo, cuando una persona se ríe, disminuyen sus niveles de cortisol, que es la hormona conocida como la hormona del estrés.

Debido a esto, comprendemos por qué una persona de fe tendrá siempre un estado de ánimo victorioso, alegre. Lo que ocurre es que el ánimo determina nuestra energía mental y esta, a su vez, determina nuestra actitud en la vida. Es una ventaja ser una persona de fe, porque somos más alegres y productivos, tenemos expectativas, tenemos energía mental que proviene de un estado de ánimo alegre.

Una de las preguntas que me hacen a menudo es: «¿Cómo haces para trabajar tanto y seguir teniendo una sonrisa, no cansarte y seguir adelante?». Muchas veces mis jornadas de trabajo comienzan a las 4:00 a. m. (por cierto, inicio el día manejando bicicleta), y culminan a las 9:00 p. m., cuando salgo de alguna reunión de liderazgo o de una conferencia. Otras veces me es necesario tomar vuelos de noche, o durante todo un día, llego al evento con el tiempo contado solo para cambiarme, y enseguida asisto al lugar para cumplir con el compromiso.

Otras veces voy a retiros espirituales que son tremendamente gratificantes, pero físicamente extenuantes, y luego llega el fin de semana en que tenemos cuatro o cinco reuniones con miles de personas que debemos atender. Al comenzar la siguiente semana ya he gastado energía en todo sentido. Muchas veces mi cuerpo no me responde, pero siempre hay algo que me da una energía sobrenatural, algo que influye en mi cerebro y en mi corazón y, aunque esté extenuado, me lleno de unas fuerzas impresionantes, no sé de dónde.

El secreto está en que soy feliz haciendo lo que hago, Dios siempre me mantiene con la expectativa de algo bueno. Permanentemente creo que algo mejor va a suceder y que una buena noticia, un nuevo milagro, está a punto de tocar la puerta de mi casa.

Probablemente tú no tengas mi temperamento, que me ayuda a ver diferente la vida o a reaccionar de manera más alegre, pero te seguro que no tiene que ver con el temperamento solamente, es algo intencional, es una decisión que tomo para apartar al máximo de mí los momentos tóxicos o las situaciones que sé que drenan mi felicidad. Yo he decidido ser feliz.

Dios puede levantarnos de la más grande derrota o crisis y darnos alegría y gozo.

Veamos a continuación unos versículos para analizarlos a la luz del tema central de este capítulo. En el Libros de los Salmos 30:11 (RVR 1960) se señala lo siguiente: «Has cambiado mi lamento en baile, desataste mi cilicio y me ceñiste de alegría». Y más adelante, en Salmos 51:12 (RVR 1960), apreciamos un hermoso ruego: «Vuélveme el gozo de tu salvación, y espíritu noble me sustente». Juan 16:20 (NBLA) dice: «En verdad les digo que llorarán y se lamentarán, pero el mundo se alegrará; ustedes estarán tristes, pero su tristeza se convertirá en alegría». Pues bien, estos versículos nos aseguran que en medio de la situación más oscura podemos esperar que Dios cambie todo a nuestro favor. Él convertirá los momentos de tristeza en gozo y alegría, el gozo que viene de su presencia.

No puedo imaginar las situaciones difíciles por las cuales has atravesado o que estás viviendo en el momento en que lees este libro, pero puedo entenderte, porque yo también he pasado por muchas dificultades. Una de esas fue la muerte de mi padrastro. El día viernes 17 de septiembre de 2004, llegué a mi apartamento cansado de una reunión que se extendió hasta el mediodía. Le dije a mi esposa que quería descansar y me senté en la cama después de abrir mi camisa para refrescarme.

Justo en ese momento mi mamá me llamó, gritaba: «Lo mataron, lo mataron, mataron a Alfredo». Le pregunté: «¿Está vivo?, ¿está respirando?». Un par de minutos después llegué al hospital y pude entrar al cuarto en donde estaba. Siete tiros habían atravesado su cuerpo y habían dejado viuda a mi mamá y sin padre a mi hermana, Melissa, que solo tenía trece años.

Fue un momento inmensamente traumático, la vida de todos los de la familia cambió. Fue un hecho que me causó un dolor tan grande que pensé que nunca más volvería a reír. No recuerdo un momento más duro en mi vida. Por muchos meses mi mamá y mi hermana vinieron a vivir a mi apartamento.

Por las noches yo salía a la sala, me arrodillaba, oraba a Dios y derramaba muchas lágrimas. Son situaciones que ningún ser humano quiere vivir, pero yo lo viví y lo afronté con la ayuda de Dios, mis amigos y mis pastores. No fue nada fácil, pero una cosa sí tenía clara: Dios tenía un nuevo futuro, Dios había preparado algo nuevo. El tiempo pasó y volví a sonreír, a soñar, a pensar que a pesar de esta catástrofe Dios tenía todavía planes de bien y no de mal, como lo dice la Biblia. Al respecto, Jeremías 29:11 (LBLA) dice: «Porque yo sé los planes que tengo para ustedes, declara el Señor, planes de bienestar y no de calamidad, para darles un futuro y una esperanza».

Hoy extraño muchísimo a Alfre, (como le decía de cariño), a Alfredo Correa De Andreis, un hombre que me dio el privilegio de aprender grandes virtudes como el orden, la disciplina, vivir para servir a los demás, gran maestro, catedrático, sociólogo, el mejor intelectual y estudioso que he conocido, y sobre todo el mejor papá que no tuve en los primeros años de mi vida. Hoy puedo escribir este libro, porque sin duda alguna, su ejemplo como gran investigador, escritor e intelectual de grandes universidades, sin darme cuenta me contagió, y a casi veinte años de no estar con nosotros, puedo entregar este libro en honor a su memoria. Alfre, sé que estas en el mejor lugar que podemos estar, y son los brazos de nuestro Padre. No hubiera podido lograr muchas cosas y seguir adelante si no hubiera superado el dolor de su pérdida.

Tener una perspectiva espiritual de la vida cambia la tristeza en risa.

En el libro de Jeremías, Dios habló a través del profeta al pueblo judío que estaba cautivo en Babilonia. En realidad, estaban prácticamente presos por el rey Nabucodonosor. Su vida era triste, Jerusalén había sido destruida y parecía que las promesas de Dios estaban cada vez más lejos. Pero en medio de la tristeza, Dios le envió un mensaje al pueblo: «¡Tengo planes para ustedes!».

La conclusión a propósito de este pasaje es que Dios es un Dios de planes y tiene un plan para ti también. Son planes de bienestar y no de calamidad.

Cuando yo recibo el plan de Dios en mi vida, esta cobra sentido, puedo mirar al futuro con esperanza y expectativa y sin importar las circunstancias difíciles que haya vivido, ¡el plan de Dios sigue en curso! Mi seguridad es saber que algo bueno viene.

Quizás en este preciso momento de tu vida estás pasando por una noche oscura. Tal vez te despidieron, tu pareja se fue de la casa o terminaste una relación que te dejó grandes heridas; tal vez tuviste un fracaso en tus estudios o en un proyecto, o te dieron un diagnóstico médico desalentador. Pero déjame decirte algo: Dios no se ha olvidado de ti. Él tiene un plan y es de bendición.

La risa puede curar tus enfermedades emocionales y aun físicas.

LA RISA QUE CURA

Proverbios 17:22 (RVR 1960) nos alienta con esta verdad: «El corazón alegre constituye buen remedio. Mas el espíritu triste seca los huesos». Y en Proverbios 15:30 (RVR 1960) se dice: «La luz de los ojos alegra el corazón. Y la buena nueva conforta los huesos».

El Libro de Proverbios nos asegura que cada vez que escuchamos promesas de Dios, cada vez que nos enfocamos en las buenas noticias, (evangelio significa buenas noticias) tus huesos toman fuerza y ellas traen remedio a nuestra vida.

Cabe acotar que en los huesos es donde se forma la vida del ser humano, es donde se encuentra la médula ósea. Lo curioso es que día a día se regeneran las células que transportan vida a todo nuestro ser.

Reírse ayuda a curar la depresión, el estrés y la angustia. Nos ayuda a sentirnos mejor y más confortables. Relaja los músculos tensos. Disminuye la producción de hormonas que causan el estrés. Disminuye la presión arterial. Genera una mayor respuesta del sistema inmunológico ante la enfermedad.

Por el contrario, la gente amargada y triste corre el riesgo de enfermarse y de morir tempranamente. Proverbios 15:15 (RVR 1960) dice: «Todos los días del afligido son difíciles; mas el de corazón contento tiene un banquete continuo».

En Habacuc 3:18 (LBLA) el profeta dijo que: «Con todo yo me alegraré en el Señor, me regocijaré en el Dios de mi salvación».

Hebreos 13:5 (RVR 1960) dice: «... porque Él dijo: No te desampararé, ni te dejaré; de manera que podemos decir confiadamente: el Señor es mi ayudador; no temeré lo que me pueda hacer el hombre».

El Libro de Proverbios, el del profeta Habacuc y el Libro de Hebreos nos transmiten una gran lección: ¡Aun en el momento de mayor oscuridad, podemos gozarnos en Dios! ¿Por qué? ¡Porque aun lo que a nuestra opinión parece malo, Dios tiene la capacidad de convertirlo en gran bendición! Él nos ayudará, por lo tanto, no temamos. ¡Él tiene el control de todo!

¿Qué otros beneficios nos da la risa?

De acuerdo con la revista en línea *CCM Salud*[4], reírse sirve para descargar tensiones, potencia la creatividad y la imaginación, incrementa la autoestima y la confianza en uno mismo. Es una fórmula eficaz para eliminar pensamientos y emociones negativas. Alivia el insomnio al producir una sana fatiga que el sueño repara con facilidad. El que está alegre duerme tranquilo.

LA ALEGRÍA DEL LÍDER

El salmo 100:1 (LBLA) nos anima: «Aclamen con júbilo al Señor, toda la tierra. Sirvan al Señor con alegría; vengan ante Él con cánticos de júbilo». Y Deuteronomio 28:47-48 (LBLA) nos manifiesta lo que sucede si hacemos lo contrario: «Por cuanto no serviste al Señor tu Dios con alegría y con gozo de corazón, cuando tenías la abundancia de todas las cosas, por tanto, servirás a tus enemigos, los cuales el Señor enviará contra ti». En Salmos 43:4 (RVR 1960) se nos da el secreto: «Entraré al altar de Dios, al Dios de mi alegría y de mi gozo; y te alabaré con arpa, oh Dios, Dios mío».

---

4   Pillou, J. (2015). *Fatiga intensa - Síntomas.* CCM Salud. https://salud. ccm.net/faq/8277-fatiga-intensa-sintomas

Si vas a servir a Dios, entendiendo que todo lo que haces de manera productiva tiene que ver con sus propósitos, debes hacerlo con alegría, con entusiasmo y actitud positiva. Es decir, si eres un líder o deseas serlo, debes saber que necesitarás reírte más que los demás, pues se requiere de un estado de ánimo alegre para afrontar las adversidades y las problemáticas normales del liderazgo. Necesitarás desarrollar una mentalidad de alegría, tener una perspectiva positiva del futuro, que te brinde un ánimo superior del de los que te siguen. Lo más probable es que tú eres quien coloca el límite a tus seguidores.

Si no eres un líder alegre, vas a limitar tu liderazgo y a los que te siguen. Nada afecta más el crecimiento de una organización que el tipo de gente que tú escoges para liderarla.

Se necesitan muchas características para que una persona en el liderazgo sea útil, pero lo primero es que su mentalidad no sea de derrota. ¡La gente que se limita, limita el entorno que la rodea y a los que la rodean! ¡Muévete a nuevos límites! Decide ser feliz en tu liderazgo.

La experiencia nos demuestra que los líderes con actitud alegre siempre enfrentan las situaciones adversas de una mejor manera y superan las crisis más rápido. Pronto los ves nuevamente escalando, edificando y construyendo nuevos sueños.

DIOS DA LA ORDEN PARA QUE SEAMOS FELICES

El Libro de los Salmos 46:4 (RVR 1960) dice algo maravilloso: «Del río sus corrientes alegran la ciudad de Dios, el santuario de las moradas del Altísimo». Y Proverbios 11:10 (RVR 1960) revela que: «En el bien de los justos la ciudad se alegra; mas cuando los impíos perecen hay fiesta».

La experiencia de veinte años en el liderazgo me indica que el que camina con ánimo y alegría recibirá al final del camino más bendiciones, y sus manos se apoderarán de la bendición que otro no valoró. Una de las razones de esto es porque al caminar con alegría conectamos con mucha gente y será mucho más probable que la gente quiera estar con nosotros, caminar con nosotros, trabajar con nosotros, ser líderes junto a nosotros y hacer negocios con nosotros.

Cuando somos alegres nos convertimos en un imán de bendiciones.

Job 29:13 (RVR 1960) dice: «La bendición del que se iba a perder venía sobre mí, y al corazón de la viuda yo daba alegría». Y Eclesiastés 2:26 (NTV) lo confirma: «Dios da sabiduría, conocimiento y alegría a quienes son de su agrado; pero si un pecador se enriquece, Dios le quita las riquezas y se las da a quienes le agradan».

Dios da la orden de quitarte todo manto de amargura, derrota y tristeza y de colocarte un manto de alegría y gozo. Es decir, cambia tu actitud de tristeza o melancolía por gozo y alegría.

Cuando Dios habla acerca de que nos cambia el manto, se refiere al espíritu y a la actitud con que caminamos en la vida. Él tiene la capacidad de proveernos sobrenaturalmente la alegría que Él sabe que necesitamos para los momentos que vienen. Dios, como tu padre que es, quiere que seas feliz.

Isaías 61:3 (RVR 1960) dice más claramente cómo Dios lo hace: «... ordenar que a los afligidos de Sion se les dé gloria en lugar de ceniza, óleo de gozo en lugar de luto, manto de alegría en lugar del espíritu angustiado; y serán llamados árboles de justicia, plantío de Jehová, para gloria suya».

Hay una orden de Dios para que seas feliz. No será siempre así, pero en muchas ocasiones decidirás llorar o reír. Hoy Dios te dice: «Hijo mío, ríe y alégrate porque grandes noticias vienen».

¡Amén!

Para pasar al siguiente capítulo, que estoy seguro nos llevará a otro nivel, responde para ti mismo estas preguntas:

1. ¿Qué cosas roban mi felicidad?

2. ¿Qué puedo hacer para eliminar estas cosas de mi vida y traer momentos de felicidad?

3. ¿Es Dios mi fuente de alegría y gozo?

Repite conmigo:

Amado Padre celestial, te doy gracias porque has preparado alegría para mí, y hoy me lleno de esa alegría. Te doy gracias por tantos momentos de bendición que me has regalado y por tantos privilegios que tengo, a pesar de que experimento situaciones difíciles. Hoy decido ser feliz, creo que tu Espíritu Santo me da gozo abundante y que los días que vienen los enfrentaré con una visión diferente. ¡Hoy me lleno de risa! ¡Mi casa y yo nos llenamos de alegría! ¡Amén!

7

TU MENTE ES UNA FÁBRICA DE MILAGROS

¡Si pensamos de acuerdo con la fe, nada nos será imposible!

Se anunció un seminario acerca de libertad financiera. Corría el año 2000. El predicador prometió que iba a ser extraordinario y así fue. Cursaba quinto semestre de Ingeniería Industrial con 19 años, así que todo lo que tuviera que ver con finanzas y productividad me llamaba la atención. Asistí a la primera conferencia el sábado en la tarde con la idea de irme el domingo a la playa con algunos amigos.

Lo que escuché ese día me impactó tanto que volví a la conferencia el domingo a las 9:00 a. m., me quedé a la exposición de las 11:00 a. m. y también asistí a la de las 6:00 p. m. Tomé nota de lo que pude entender de este predicador loco de fe, el doctor Bill Winston, de Chicago, y compré los casetes de cada conferencia.

Los escuché muchas veces y estoy seguro de que, aunque era nuevo en la iglesia y no había estudiado la Biblia, marcó mi mente hacia un nuevo liderazgo. Aquel gran predicador, que hoy todavía admiro mucho, habló cosas que eran incomprensibles a mi mente natural. Habló del mundo de la fe, del mundo invisible, y decía que este mundo era más real que el visible y tenía dominio sobre todas las cosas.

Esos días entendí que mi mente era clave en los resultados que obtuviera en adelante y que, si lograba desarrollar una mentalidad de fe, mi mente sería una fábrica de milagros.

Pero entre muchos versículos que el predicador revisó, hubo dos que impactaron mi vida, me pusieron a meditar desde ese día y fueron claves para mi carrera de fe y mi cambio de mentalidad. Estos versículos son:

- Marcos 9:23 (NBLA): «Jesús le dijo: ¿Cómo si tú puedes? Todas las cosas son posibles para el que cree».

- Marcos 9:29 (NBLA): «Entonces les tocó los ojos y les dijo: Que se haga con ustedes conforme a su fe».

Primero, estos textos nos dejan en claro que todo es posible para el que cree, para el que tiene fe, para el que piensa como Dios piensa. Y lo segundo es que nuestros resultados se dan de acuerdo con nuestra fe, no de acuerdo con nuestros estudios, situación económica, estrato social, apellido o país donde vivimos.

UNA MENTALIDAD DE FE DESARROLLA ESPERANZA

Leamos lo que dice Romanos 4:17-21 (RVR 1960): «Como está escrito: Te he puesto por padre de muchas gentes delante de Dios, a quien creyó, el cual da vida a los muertos, y llama las cosas que no son, como si fuesen. Él creyó en esperanza contra esperanza para llegar a ser padre de muchas gentes, conforme a lo que se le había dicho: Así será tu descendencia. Y no se debilitó en la fe al considerar su cuerpo, que estaba ya como muerto (siendo de casi cien años), o la esterilidad de la matriz de

Sara. Tampoco dudó, por incredulidad, de la promesa de Dios, sino que se fortaleció en fe, dando gloria a Dios, plenamente convencido de que era también poderoso para hacer todo lo que había prometido».

Esta cita bíblica corresponde a uno de los milagros más asombrosos descritos en las Sagradas Escrituras. Es el caso de Abraham cuando a Dios simplemente le plació derramar una palabra que parecía algo imposible de alcanzar, y era que Él y su mujer iban a tener un hijo siendo los dos ya demasiado viejos.

Abraham es uno de mis personajes favoritos de la Biblia, después de Jesús. Fue llamado el padre de la fe. Dios le dio una promesa en un momento muy difícil, esperó veinticinco años, es decir, sacando cuentas, Él tenía ya casi cien años cuando esta se cumplió.

Su esposa, Sara, era estéril, había pasado ya por la menopausia. La esperanza de Abraham era morirse en cualquier momento y disfrutar de la vida eterna. Creo que Abraham había comprado ya su cajón, pagado su funeral y le había dado instrucciones a Sara para cuando llegara el momento de su muerte. Pero Dios le dio una nueva mentalidad. Le dio una promesa.

Pues bien, cada vez que Dios envía su promesa lo hace para cambiar nuestra mentalidad y para darnos una esperanza diferente a la que nos da la situación «real» que estamos viviendo.

El versículo 18 dice: «Él creyó en esperanza contra esperanza para llegar a ser padre de muchas gentes, conforme a lo que se le había dicho: Así será tu descendencia». A propósito de esto, podemos decir que:

1. Abraham estaba en una guerra de esperanza. Tenía dos tipos de esperanzas, o dos tipos de pensamiento que ahora querían tomar dominio de su mente y de su vida.

2. Una esperanza era la que le decía que se iba a morir, pues ya tenía casi cien años. Otra, la que venía de la promesa de Dios, que le decía: «Serás padre de multitudes».

Dios sabe desde su perpetua eternidad que la esperanza inducida por las situaciones normales de la vida alimenta la incredulidad, debido a la crisis, a puertas que no se abren y a procesos dolorosos, los cuales vienen para atacar el propósito de Dios en nuestra vida, su llamado, nuestros sueños, metas, finanzas, emprendimientos y todo aquello que hemos proyectado en nuestra mente para alcanzar. Por estas razones, Dios nos envía su promesa, porque la promesa contradice la realidad visible de imposibilidad e invade la atmósfera de incredulidad que quiere apoderarse de nosotros.

Los versículos 19 y 20 del pasaje analizado expresan: «Y no se debilitó en la fe al considerar su cuerpo, que estaba ya como muerto (siendo de casi cien años), o la esterilidad de la matriz de Sara. Tampoco dudó, por incredulidad, de la promesa de Dios».

Los límites naturales de Abraham eran opuestos a la promesa de Dios. Y es que todos tenemos límites naturales que muy probablemente van a incrementar nuestra incredulidad y a desarrollar pensamientos de imposibilidad en nuestra mente y que, además, bloquean la promesa de Dios.

Abraham tenía varios límites, como su edad y su cuerpo que estaba débil. Los ancianos de cien años no andan por allí buscando a quien embarazar, por el contrario, están preparándose para el último suspiro de su vida.

Otro límite era su esposa. Sara no solo estaba avanzada de edad, sino que físicamente ya no tenía la capacidad de concebir hijos, era estéril. La Biblia dice que ya le había «pasado el tiempo de las mujeres», refiriéndose a la menopausia. Lo normal hubiese sido que Sara nunca quedase embarazada.

Un nuevo límite era la sociedad. Me imagino a Abraham recibiendo burlas de sus amigos. Si trasladáramos esta historia al día de hoy, muchos de nuestros amigos se burlarían y creerían literalmente que estamos locos. ¿Cómo es que Abraham dice que tendrá un hijo de Sara? ¡Está totalmente desquiciado!

Sin embargo, la promesa les dio esperanza para creer que Dios es todopoderoso para romper límites. Cuando Dios nos da la promesa, nos está diciendo claramente que los límites que teníamos hasta ese día están a punto de romperse.

Por esta razón es muy importante que aprendamos a desarrollar una mentalidad de milagros. Cuando creemos que Dios ha dispuesto algo para nosotros, ya para Él es una realidad en su eternidad, pero hace falta que lo creamos. ¿Qué límites tienes hoy en tu vida que están frenando tu fe, tus pensamientos de victoria, de avance o multiplicación? Te aseguro que la promesa de Dios te dice totalmente lo contrario.

Nuestros límites naturales nos obligan a tener una esperanza que nos trae desaliento, ansiedad, negativismo y desilusión.

La realidad era un antónimo de la promesa. La realidad es que la esperanza y la fe de Abraham estaban al límite. Ahora Él podía enfocarse en su debilidad o en la promesa. Cuando nos enfocamos en la realidad, esta nutre la incredulidad, pero Abraham no permitió que su fe se debilitara.

Cometemos un error fijándonos en lo que existe, porque la realidad visible a nuestros ojos la mayoría de las veces debilita nuestra fe. Un grave error cometemos en planificar con lo que vemos. La palabra de Dios nos afirma claramente en 1 Corintios 5:7 (LBLA): «Porque por fe andamos, no por vista». Otra versión de la misma cita lo expresa de la siguiente manera: «Pues vivimos por lo que creemos y no por lo que vemos» (NTV).

Si te enfocas en las circunstancias que te limitan, terminarás en temor y el temor arruina la fe, la destruye.

¿Cuál es tu enfoque hoy? ¿En qué estás poniendo tu atención para tomar las decisiones del mañana?

Enfocarnos en nuestra realidad provocará que dudemos, que pensemos que no será posible, hará que retrocedamos en la fe y al final tomaremos decisiones en lo natural que atentan contra la fe y contra los milagros que la promesa ya anunció. Puede llegar un momento en el que no creas en nada sobrenatural. Entonces, estarás nuevamente en una guerra de pensamientos.

Cuando Dios te da una promesa, te la da para que no tengas ninguna otra posibilidad en tu corazón, sino confiar. Si Dios lo dijo, así es. Confía en lo que Él prometió. Si Dios te otorga una promesa, es para que medites en ella de día y de noche, para que la asumas como una realidad que ya te fue anunciada desde la eternidad y que solo tomará tiempo de tu calendario para que la veas hecha realidad, porque en el calendario de Dios ya sucedió.

Abraham, como muchos de nosotros, necesitaba sacar el miedo que producía su situación negativa, así como necesitaba fortalecer su fe, pues su futuro de incremento estaba ligado directamente a su fe.

Nuestro futuro de incremento y multiplicación no camina en temor, es nutrido por nuestra fe. En este sentido, una buena pregunta es: ¿cómo podemos mantener pensamientos de fe y desarrollar mentalidad de milagros al eliminar nuestros temores? Al respecto, Hebreos 11:1 dice: «Ahora la fe es la certeza, la confirmación, el título de propiedad, de las cosas que esperamos, siendo la prueba de las cosas que nosotros no vemos y la convicción de su realidad, la fe que se ve como hecho real y que no es revelada a los sentidos» (Amplified Bible).

Una mentalidad de milagros no se desarrolla de acuerdo con lo que nuestros sentidos capturan. Esta se desarrolla a través del sexto sentido que es la fe. Por eso, la fe de Abraham no era sensorial. Abraham tenía un cuerpo débil, pero tenía una fe fortalecida.

No importa cuán débil esté tu cuerpo, cuán débiles estén tus finanzas, cuán débil esté tu pareja o tu hijo, no importa cuán débil esté ese proyecto, lo único que importa es que esté fuerte tu fe.

La palabra de Dios muestra que Abraham no le creyó a sus sentidos y no consideró lo que sabía de la matriz de Sara, ni lo que su cuerpo sentía, como para dudar de la promesa de Dios. Abraham no consideró su cuerpo como muerto para no creer el milagro de Dios. Por otro lado, Tomás, uno de los doce discípulos de Jesús, tuvo que considerar el cuerpo de Jesús, tuvo que ver las heridas en el costado y meter el dedo en la mano de Jesús para creer que era el Jesús resucitado. Abraham usó su fe para cambiar su cuerpo, no dejó que su cuerpo cambiara su fe.

Diga el débil: ¡fuerte soy! El poder de Dios perfecciona mi debilidad.

No permitas que las circunstancias que vives cambien tu fe, utilízala para cambiar cualquier circunstancia. Si tu mente está procesando lo que ves, lo que sientes y lo que oyes, de tal manera que te aleja del milagro, necesitas una nueva dieta espiritual, un nuevo nivel de nutrición para dejar de bajar la revelación que Dios te da a tu nivel de incredulidad. Necesitas subir tu fe al nivel de bendición que Dios te está anunciando, y eso solo se logra nutriendo tu mente con otra dieta espiritual.

MENTALIDAD DE MULTIPLICACIÓN

Cuando Dios les dio la promesa, solo eran Abraham y Sara. La promesa decía: «Serás padre de multitudes». Cada vez que Dios te da una promesa, en ella hay multiplicación exponencial. Dios mandó a Abraham a mirar las estrellas de los cielos y a contar la arena del mar para que hiciera un ejercicio mental y tuviera un *shock* que sacudiera su mentalidad de escasez, o de falta de fruto, y entendiera de manera mínima (con su mente humana) lo que la mente de Dios ya había planeado hacer.

Job 8:7 (RVR 1960) dice: «Y aunque tu principio haya sido pequeño, tu postrer estado será muy grande». Esto significa que debemos creer y luego hacer un ejercicio mental, porque cada vez que una promesa es entregada a nuestra vida, no quedaremos igual.

El versículo 20 de nuestra cita de estudio dice lo siguiente: «Tampoco dudó por incredulidad de la promesa de Dios, sino que se fortaleció en fe, dando gloria a Dios». En otras palabras, la esperanza de Abraham era morirse, pero Dios le cambió su futuro y le dijo: «No te vas a morir, vas a ser fructífero y vas a tener muchos hijos».

Cuando recibimos la promesa, esta trae consigo un mensaje de esperanza que anuncia que nuestro mundo está a punto de cambiar. Sin embargo, Abraham, como todos nosotros, necesitaba un cambio de mentalidad. Además, necesitaba recibir ese cambio primero en su mente y luego en toda su vida.

Una de las razones por las cuales no vemos más milagros es porque queremos que el cambio se dé en nuestras circunstancias y no en nuestra manera de pensar, pero una vez que logramos romper el ciclo de pensamientos negativos, nuestra mente se prepara para albergar las promesas más inimaginables, para colaborar con el plan de Dios en nuestras vidas y recibir milagros sorprendentes. Así como en el pasado, nuestra mente tal vez se entrenó para creer lo malo, ahora podemos entrenarla para que sea una fábrica de milagros.

Romanos 4:17 (RVR 1960) dice: «Como está escrito: te he puesto por padre de muchas gentes delante de Dios, a quien creyó, el cual da vida a los muertos, y llama las cosas que no son, como si fuesen».

Yo creo que cuando Abraham veía su cuerpo, decía: «¡Gloria a Dios! No tengo fuerzas, pero seré padre de multitudes». Cuando veía a Sara estéril, decía: «¡Gloria a Dios, Sara será madre de miles!». Cuando el médico le decía que Sara seguía siendo estéril, ellos decían: «¡Gloria a Dios, porque el milagro va a ser más sorprendente!». Cuando pasaba el tiempo y los amigos se burlaban de este par de viejos que decían que iban a tener un hijo, los dos decían: «¡Gloria a Dios, no quedaremos avergonzados!». De repente, un día cualquiera la promesa se cumplió y Sara comenzó a caminar diferente, su barriga comenzó a crecer.

Cuando glorificamos o agradecemos a Dios por anticipado, estamos asegurando nuestro milagro.

El versículo 21 dice así: «Plenamente convencido de que era también poderoso para hacer todo lo que había prometido». Había algo que Abraham tenía que es indispensable para ver milagros: Él creía que Dios era todopoderoso para hacer lo que le había prometido. Es necesario romper un límite en nuestro sistema de pensamiento. Me refiero a aquel que nos dice que no será posible, que no alcanza, que no es el tiempo, que la ciencia biológica, médica o matemática nos lo impide. Abraham y Sara tenían todas las leyes naturales en su contra, pero habían recibido una promesa del que gobierna sobre todo: el Dios todopoderoso. Y todopoderoso significa que ¡Él tiene todo el poder para hacer cualquier cosa!

Por esta razón, Abraham caminaba confiado y esperando el tiempo que fuera necesario, porque Él sabía que en cualquier momento Dios lo iba a sorprender. Creo que no existe mejor manera para vivir nuestra vida que vivirla confiados en Dios, en sus promesas, estando convencidos de que Él tiene todo bajo control.

Una mentalidad de fe o de milagros no sabe cómo ni cuándo, pero sabe que Dios lo hará. Recuerda esto, porque quiero creer que hay un milagro ahora mismo sobre tu vida, querido lector. Quiero sembrar una semilla de fe en tu mente, esta te llevará a creer que, en cualquier momento, en los próximos días o en las próximas horas, Dios te sorprenderá.

De manera contraria, cuando caemos en pensamientos de incredulidad es porque que creímos que Dios no tiene el poder para hacer lo que nos prometió. En otras palabras, estamos desvalorando al Dios que creó el universo y lo estamos sacando de su categoría de Dios a categoría de humano limitado.

LA FE TRASPASA EL CAMPO DE LAS MALAS NOTICIAS

La mentalidad de milagros tiene que ver con la expectativa, aquella que viene de la fe, no de las malas noticias. Por esto Abraham glorificaba a Dios y fortalecía su fe, porque tenía expectativa de que cosas asombrosas iban a suceder.

Estamos acostumbrados a tener la expectativa de que algo malo sucederá. Si nunca hemos permitido que nuestra mente sea renovada con la promesa de Dios y con lo sobrenatural, quiere decir que nuestra mente solo ha experimentado el campo de las malas noticias.

Casi todo a nuestro alrededor difunde noticias catastróficas. El mundo de las noticias está diseñado para mantenernos alertas y poder vender más. Los avisos publicitarios, el mundo del cine y de la música, los sistemas financieros y los gobiernos en general utilizan esta estrategia para mantener dominado nuestro sistema de pensamiento.

Acabamos de salir del problema de salud pública y económico más fuerte después de la Segunda Guerra Mundial, que fue la pandemia a causa del COVID-19. Fue sorprendente cómo las noticias solo giraban en torno a la cantidad de contagios, de muertos, a la caída de la economía, y cómo nos mantenían con la expectativa de que una vacuna saldría algún día, pero que iba a demorar.

Hoy, después de que acabó la pandemia, todavía hay gente que utiliza tapabocas porque se acostumbró. No lo hacen por salud, lo hacen porque su sistema de pensamiento quedó en alerta y bajo temor. La pandemia nos demostró cómo el mundo entero podía ser dominado por un conjunto de pensamientos, pero gracias a Dios tenemos una manera diferente de pensar. Son sus promesas las que hacen que nuestra mente rompa límites y se convierta en un tesoro lleno de bendiciones y milagros.

SI TIENES FE, NADA TE SERÁ IMPOSIBLE

Mateo 12:31-32 (RVG) dice así: «Otra parábola les refirió, diciendo: el Reino de los cielos es semejante al grano de mostaza que un hombre tomó y sembró en su campo, el cual a la verdad es la más pequeña de todas las semillas, pero cuando ha crecido es la mayor de las hortalizas y se hace árbol, de tal manera que vienen las aves del cielo y hacen nidos en sus ramas».

Por otro lado, Mateo 17:19 (RVR 1960) dice: «Viniendo entonces los discípulos a Jesús, aparte, dijeron: ¿Por qué nosotros no pudimos echarlo fuera? Jesús les dijo: Por vuestra poca fe, porque de cierto os digo, que si tuviereis fe como un grano de mostaza diréis a este monte: Pásate de aquí allá, y se pasará; y nada os será imposible».

Quiero que prestes atención a la enseñanza de Jesús acerca del grano de mostaza y la fe. Los discípulos en algún momento no pudieron creer en un milagro y Jesús les dijo que la razón era su poca fe. Pero luego les aseguró que, si tuvieran fe como un grano de mostaza, nada les será imposible. ¡*Wow*!, ¿si tenemos fe nada nos será imposible? Yo lo diría así: si pensamos de acuerdo con la fe y como piensa el grano de mostaza, nada nos será imposible. Aquí lo importante no es el tamaño del grano de mostaza, que es diminuto, sino su uso de la fe.

A pesar de que un grano de mostaza es minúsculo, llega a ser una gran hortaliza y crece tanto que se convierte en un árbol. Es decir, que de manera natural el grano de mostaza no fue diseñado para ser un árbol, su diseño natural es ser una hortaliza, pero su fe es tan grande que nada frena su crecimiento, nada impide que el grano de mostaza llegue a donde los límites naturales le dijeron que no llegaría.

El grano de mostaza dice: «Llegaré a ser la más grande hortaliza, tan grande que me convertiré en árbol». Esto nos recuerda que podemos sufrir una transformación ilimitada por medio de la fe.

Jesús dijo que el reino de los cielos es como la semilla de mostaza que un hombre sembró en su campo. Yo creo que el campo al que Jesús se refiere es nuestra mente.

Si logramos sembrar la suficiente fe en nuestra mente, podremos ser transformados a niveles inimaginables y, sin duda alguna, nuestra mente será una fábrica de milagros.

Cree en algo grande fuera de tus límites, como el grano de mostaza.

8

MENTALIDAD DE ÉXITO

El éxito no es suerte, es una
manera de pensar.

*E*n este último capítulo quiero invitarte a que creas que Dios te llamó al éxito. Quiero que creas que hay un plan de Dios para ti y no es de fracaso, sino de grandes victorias y triunfos.

De esto se trata el éxito, de lograr lo que se espera, pero nunca llegaremos a Él si no pensamos como la gente exitosa. Entonces, el éxito comienza con una manera de pensar, es una manera de creer y una manera de ver el mundo muy diferente de como el promedio lo hace. Dios puede desarrollar en ti una mentalidad que te llevará al éxito en cualquier área de tu vida.

DEFINAMOS EL ÉXITO

Quiero darte una definición sencilla de lo que es tener éxito, pues la verdad, el éxito no es lo mismo para todos, porque todos tenemos diferentes metas, deseos y sueños en la vida.

El éxito tiene que ver con poder cumplir con excelencia el plan de Dios para nuestras vidas. Tiene que ver con saber sobrepasar las dificultades, las crisis y todo tipo de adversidades que se presentan en cualquier camino que transitemos.

El éxito tiene que ver con una manera de pensar que es diferente al promedio de la gente, ya que la gente exitosa está por encima en cualquier área en que se desempeñen. Los versículos que escribo a continuación nos muestran claramente que Dios ha diseñado un camino de éxito para nosotros y que Él pensó en nosotros cuando creó el éxito, es decir, al crearnos no pudo separarnos del éxito.

- Romanos 8:37 (NTV) dice al respecto: «Claro que no, a pesar de todas estas cosas, nuestra victoria es absoluta por medio de Cristo, quien nos amó».

- Romanos 8:37 (RVR 1960), lo dice de esta manera: «Antes, en todas estas cosas somos más que vencedores por medio de aquel que nos amó».

- Filipenses 4:13 (RVR 1960) expresa: «Todo lo puedo en Cristo que me fortalece».

- Hebreos 11:33 (RVR 1960) dice: «... que por fe conquistaron reinos, hicieron justicia, alcanzaron promesas, taparon bocas de leones».

Estos versículos nos hablan de que Dios ha planeado para nosotros victorias absolutas, no a medias, que en Él somos más que vencedores, es decir, somos más que el número uno en la carrera, que Cristo nos fortalece para hacer todo lo que hayamos decidido hacer y que una mentalidad de fe nos llevará a conquistar triunfos ilimitados.

EL ÉXITO ESTÁ EN LA ACTITUD

1 Samuel 16:10-3 (NTV) *«De la misma manera, Isaí le presentó sus siete hijos a Samuel.*

Pero Samuel le dijo: El Señor no ha elegido a ninguno de ellos.

Después Samuel preguntó: ¿Son estos todos los hijos que tienes?

Queda todavía el más joven, contestó Isaí.

Pero está en el campo cuidando las ovejas y las cabras.

Manda llamarlo de inmediato, dijo Samuel.

No nos sentaremos a comer hasta que él llegue.

Entonces Isaí mandó a buscarlo. El joven era trigueño y apuesto, y de hermosos ojos. Y el Señor dijo: Este es, úngelo.

Al estar David de pie entre sus hermanos, Samuel tomó el frasco de aceite de oliva que había traído y ungió a David con el aceite.

Y el Espíritu del Señor vino con gran poder sobre David a partir de ese día. Luego Samuel regresó a Ramá».

Para hablar en qué consiste la mentalidad de éxito, quiero traer como ejemplo la historia de David, un joven que fue menospreciado por su papá y sus hermanos, sin oportunidades aparentes, sin recursos y con grandes desventajas. Sin embargo, pudo matar al gigante Goliat, que nadie se atrevió a enfrentar, y después de atravesar muchas dificultades, llegó a ser el rey de más renombre de Israel. Creo que el éxito más grande de David fue llegar a ser llamado «un hombre conforme al corazón de Dios».

CARACTERÍSTICAS DE LA MENTALIDAD DE ÉXITO

Digamos que el éxito tiene ciertas formas con las cuales lo podemos reconocer. Veamos:

1. Éxito se refiere a hacer las cosas en el tiempo oportuno, no antes ni después

El éxito es para quien entiende los tiempos. ¡Dios nos preparó para el éxito en este tiempo! Una persona con mentalidad de éxito entiende cada oportunidad. Sabe que no son golpes de suerte y valora cada situación en el tiempo en que Dios se la entrega.

David fue llamado en un tiempo específico y fue escogido para solucionar un problema que nadie más podía solucionar. Él no dudó, no tuvo miedo, no prestó atención al menosprecio de sus hermanos y mucho menos al menosprecio del mismo rey Saúl. Él dijo: «Este es mi tiempo de matar al gigante e ir a un nuevo nivel». En otras palabras, David entendió que este era un tiempo preparado por Dios para llevarlo al éxito y no a la muerte en manos del gigante.

Cuando todos creen que es tiempo de derrota y de crisis, el que tiene mentalidad de éxito cree que es el mejor tiempo para triunfar y que de cada crisis brotan grandes oportunidades. Este es tu tiempo para levantarte e ir por encima de las dificultades.

El miedo es enemigo del éxito.

Veamos lo que dice 1 Crónicas 12:32 (NTV): «De la tribu de Isacar había doscientos jefes junto con sus parientes. Todos estos hombres entendían las señales de los tiempos y sabían cuál era el mejor camino para Israel».

El libro de crónicas habla de un grupo especial de líderes cuya cualidad era entender los tiempos. Ellos sabían tomar decisiones acertadas en el tiempo oportuno, no antes ni después. Esto los llevó a ser catalogados como personas de éxito por encima de los demás en su época.

Cuando Dios prepara un proyecto de éxito para uno de sus escogidos, lo hace en un determinado tiempo. A Josué le dijo que derribara las murallas de Jericó en un tiempo específico. A Moisés lo mandó a enfrentar al faraón en un tiempo específico. A Esther la mandó a entrar en la recámara del rey en un tiempo específico. A Pedro lo mandó a tirar la red después de haber pescado toda la noche y eso fue en un tiempo específico. Nehemías edificó las murallas de Jerusalén en cincuenta y dos días. Ellos, y muchos otros personajes de la Biblia que llegaron al éxito, emprendieron su camino en el tiempo señalado por Dios y creyendo que tal proyecto llegaría a feliz término, porque estaban auspiciados por Él.

Todos los proyectos que tienes por delante necesitan ser desarrollados en el tiempo oportuno y a la manera de Dios. Y debes creer una realidad innegable respecto al miedo: ¡el miedo no te dejará tomar las decisiones a tiempo!

2. La mentalidad de éxito cree que sin Dios es imposible

La fuente de nuestro éxito viene del cielo.

El éxito es para aquel que camina con Dios. La historia relata que el profeta Samuel fue a escoger al próximo rey de Israel y derramó el aceite sobre la cabeza de David. Dice la Biblia que desde ese día el espíritu de Dios vino con gran poder sobre David. Esta fue la principal clave del éxito del joven David, Él sabía que la presencia de Dios era su principal recurso y la fuente de su éxito. Y esto no solamente ocurrió con Él, la Biblia está repleta de historias de éxito.

- Génesis 39:2-3 (NTV) dice: «El Señor estaba con José, por eso tenía éxito en todo mientras servía en la casa de su amo egipcio. Potifar lo notó y se dio cuenta de que el Señor estaba con José, y le daba éxito en todo lo que hacía».

- 1 Samuel 18:14 (NVI) nos relata que: «David siguió teniendo éxito en todo lo que hacía porque el Señor estaba con Él».

- 2 Reyes 18:7 (NVI) nos cuenta: «Por eso el Señor estaba con Él, y Ezequías tuvo éxito en todo lo que hizo».

- 1 Crónicas 22:11 (NVI) dice: «Ahora, hijo mío, que el Señor esté contigo y te dé éxito al seguir sus instrucciones en la edificación del templo del Señor tu Dios».

- 1 Samuel 2:9 (NTV) nos revela una promesa: «Él protegerá a sus fieles, pero los perversos desaparecerán en la oscuridad. Nadie tendrá éxito solamente por la fuerza».

- El salmo 112:1-2 (NTV) nos lo confirma con júbilo: «¡Alabado sea el Señor! ¡Qué felices son los que temen al Señor y se deleitan en obedecer sus mandatos! Sus hijos tendrán éxito en todas partes; toda una generación de justos será bendecida».

- Josué 1:8 (TLA) nos anima de esta forma: «Nunca dejes de leer el libro de la Ley; estúdialo de día y de noche, y ponlo en práctica, para que tengas éxito en todo lo que hagas».

En todas las historias bíblicas de éxito encontrarás una característica primordial y es que Dios y su presencia eran el mayor activo de los protagonistas de esos relatos. Hay una historia que todavía tienes por escribir, que sin duda alguna será de éxito si haces de Dios tu principal recurso.

3. La mentalidad de éxito piensa en excelencia

El éxito llega donde hay excelencia.

Nuestro Dios es de excelencia. Eclesiastés 3:1 (RVR 1960) dice que Dios: «Todo lo hizo hermoso en su tiempo». Y es que todo lo que Dios hace es bueno, es excelente. Dios no sabe hacer nada de manera mediocre. Toda su creación fue buena en gran manera y nos diseñó con su ADN, es decir, llenos de creatividad y de excelencia. Fuimos hechos a imagen y semejanza del Dios del orden y la excelencia.

Pero ¿qué es la excelencia? Esta virtud es la habilidad para exceder expectativas y entregar una calidad superior. La excelencia y el orden te dan influencia y te diferencian de la multitud. Lo que nos hace diferente a los demás no es solo las cosas que hacemos, sino cómo las hacemos, y al hacerlas de manera excelente vamos a sobresalir. 1 Samuel 16:17 (NTV) dice algo que corrobora lo anteriormente dicho: «Me parece bien, dijo Saúl. Búsquenme a alguien que toque bien y tráiganlo aquí». David pudo entrar en el palacio del rey porque lo que hacía, lo hacía con excelencia. El rey Saúl necesitaba a alguien que tocara de manera excelente el arpa y encontró a David, quien siempre fue distinguido en todo lo que hizo y eso lo llevó a sobresalir respecto a los demás.

No en vano Samuel preguntó: «¿Son estos todos los hijos que tienes? Queda todavía el más joven, contestó Isaí. Pero está en el campo cuidando las ovejas y las cabras. Manda llamarlo de inmediato, dijo Samuel. No nos sentaremos a comer hasta que Él llegue».

El faraón en Egipto dijo de José cuando interpretó su sueño de las vacas flacas y las vacas gordas: «¿Dónde encontraré un hombre como José donde esté el Espíritu de Dios?». Con palabras de hoy esto sería algo como: «¿En dónde encontraré un hombre con tanta excelencia?», porque cuando somos excelentes nos hacemos indispensables o, por lo menos, necesarios, la gente lo reconoce y nos quiere a su lado.

Cuando tú haces todo con excelencia, Dios nunca te dejará por fuera del banquete. El papá de David no lo llamó cuando el profeta Samuel hizo el banquete para escoger al nuevo rey de Israel, los hermanos tampoco lo llamaron, pero Dios sí lo llamó.

Dios premia la excelencia.

Jesús hizo su primer milagro en las bodas de Caná de Galilea y convirtió setecientos litros de agua en el ¡mejor vino! Cuando el maestresala probó el vino de Jesús, lo evaluó diciendo que era el mejor vino. Otra traducción se refiere a que era un vino formidable. Fue un vino excelente, el mejor.

No podemos pretender que Dios nos premie, que nos bendiga más o nos lleve a nuevos niveles si somos mediocres. La excelencia nos llevará a lugares altos. Jesús nos dejó este primer milagro como una señal de lo que vendría. Nada de lo que hace Dios es mediocre, es excelente, es formidable porque no sabe hacerlo de otra manera y es lo que nos enseña a sus hijos.

4. La mentalidad de éxito tiene visión de conquista

El temor es enemigo del éxito y de la conquista.

La conquista nunca llegará al que vive en temor. 1 Samuel 16: 17 (NTV) nos cuenta cómo Goliat amenazaba al pueblo: «¡Hoy desafío a los ejércitos de Israel! ¡Envíenme a un hombre que me enfrente!». Cuando Saúl y los israelitas lo escucharon, quedaron aterrados y profundamente perturbados. Tan pronto como las tropas israelitas lo vieron, comenzaron a huir espantadas.

Saúl ya no creía que pudiese vencer al gigante. Es que nunca vamos a conquistar lo que no podemos visualizar como nuestro. ¡El ejército de Israel estaba atemorizado! Tuvo que llegar uno con mentalidad de éxito para solucionar la crisis: David.

¿Cuántos están llenos de temor y derrota por todo lo que les ha sucedido?, ¿cuántos de nosotros estamos enfrentado gigantes que nos atemorizan y nos paralizan?, ¿es normal?, ¿debemos vivir así?, ¿es lo que Jesús haría?, ¿o será que nos estamos dejando dominar por el negativismo y la mentira del temor?

La mentalidad de éxito es enemiga del temor y piensa que hay grandes oportunidades de conquista donde otros ven fracaso. El éxito vence el temor y lo sobrepasa.

5. La mentalidad de éxito trabaja y es diligente

En relación con esta afirmación, Proverbios 10: 4 (NBV) dice: «Pobre es el que trabaja con mano negligente, pero la mano de los diligentes enriquece».

La mentalidad de éxito triunfa sobre la pereza y la indolencia.

Diligente es aquella persona que pone mucho interés, esmero, rapidez y eficacia en la realización de un trabajo o en el cumplimiento de una obligación o encargo. Es así que el éxito requiere esfuerzo, pues, sin esfuerzo este no existe.

¡Éxito es trabajo! David trabajaba cuidando las ovejas de su padre de manera diligente. Las cuidaba tan bien que peleaba contra los osos y contra los leones para defenderlas. David no era flojo. Si algo debemos sacar de nuestra vida y del liderazgo es la flojera, porque esta conduce a la ruina y a la pobreza.

En Josué 1:7 (TLA) Dios demanda de nosotros: «Solo te pido que seas muy fuerte y valiente. Así podrás obedecer siempre todas las leyes que te dio mi servidor Moisés». Porque la mano del diligente enriquece y Dios bendice al que trabaja con energía. El trabajo perseverante y con diligencia muchas veces le gana a la inteligencia y a la preparación.

El papá de David lo mandó a la guerra, pero a repartir quesos y panes para sus hermanos. Él lo hizo obedientemente una y otra vez, pero en el fondo supo que podía hacer algo más. ¡Creyó que había algo más en lo que Dios podía utilizarlo!

«¿Qué le darán al que mate al gigante y ponga fin a su desafío?», preguntó David. «Le darán la hija del rey», le respondieron los soldados.

David no se quedó haciendo lo que le pidieron, hizo algo más, le cortó la cabeza al gigante que nadie pudo enfrentar. Él sabía que Dios le había dado capacidades que ya había desarrollado en sus actividades como pastor y que, si daba el extra, tendría resultados extraordinarios.

Hay cosecha extra para los que tienen mentalidad de éxito basada en la diligencia. El éxito no se conforma con el trabajo requerido, la mentalidad de éxito siempre da el extra.

6. La mentalidad de éxito piensa con fe y piensa en grande

El éxito derrota el espíritu de estrechez. El sistema en que vivimos nos acostumbró a lo pequeño, a lo estrecho, a lo común. Pero el éxito requiere altas expectativas, si queremos algo que es fácil, solo lograremos estar en el campo del promedio. El éxito con Dios nos lleva a niveles nunca vistos. Y si no, veamos lo que dice Marcos 9:23 (NTV): «¿Cómo que si puedo?, preguntó Jesús. Todo es posible si uno cree».

Éxito requiere una proyección de fe, porque las expectativas son muy altas y humanamente difíciles. Solo el poder de Dios lo hará posible.

«¡Nadie había matado al gigante, pero yo lo voy a matar!», dijo David. La mentalidad de éxito se alinea al pensamiento de Dios, rompe el campo de los límites y el campo de lo promedio. David entendió que no era con sus fuerzas, sino el poder de Dios a través de Él.

7. La mentalidad de éxito tiene motivación permanente

Todo aquel que ha logrado algo grande en la vida tuvo que superar primero los obstáculos de la desmotivación.

Ya dedicamos un capítulo completo a la derrota del desánimo, pero te vuelvo a recordar, el éxito derrota el desánimo.

Nada grande se logra sin ánimo.

El éxito requiere de motivación permanente y uno no espera que alguien se la esté dando. Lo que nos motiva es nuestro deseo, nuestra visión; es el plan que Dios tiene con nosotros lo que nos da ganas de seguir. Tenemos que ponerle ganas. Nosotros mismos las debemos tener.

Si hay liderazgo, hay inspiración. Es natural, no se logra por presión. El liderazgo de éxito conlleva a la motivación permanente.

Un líder mantiene a la gente motivada. David en el desierto tenía treinta valientes que un día fueron los deprimidos, desconsolados, derrotados y quebrados financieramente. Pero fueron transformados e inspirados por alguien con mentalidad de rey.

La palabra motivación viene del latín *motivus,* que significa «lo que causa movimiento o es causa del movimiento». Es un estado de ánimo que activa, dirige y mantiene una intención y una conducta.

Es que sin motivación no hay determinación. Debemos levantar líderes y jóvenes con una motivación determinada.

Por su parte, entusiasmo viene del griego *en-teos,* que significa «estar en Dios». Nuestra fuente de motivación es el Espíritu Santo, quien llena nuestro pensamiento de alegría y de expectativa positiva. Pregunta clave:

¿Como esta tu motivación para enfrentar los siguientes desafíos que te esperan?

8. La mentalidad de éxito cree que cada día hay activación de sus potenciales

El éxito cree que podemos ser mejores cada día. David sabía que dentro de Él había un rey. De alguna manera, el poder para ser rey se iba a manifestar. Dios desea que te conozcas y que conozcas tu futuro, pues solo así te verás en la realidad que Dios te ve. Eso se llama potencial.

Mi potencial es lo que yo soy por dentro, pero no se ha manifestado, aunque ya Dios lo puso dentro de mí. David había peleado con osos y leones, pero nunca había matado a un gigante de tres metros.

Cuando permites que el poder de Dios actúe en tu sistema de pensamiento, lo que fue preparado para ti, por inaudito que sea, se cumplirá. Tu potencial fue puesto para que se libere conforme alineas tus pensamientos a la promesa de Dios.

Tal vez tú ya eres dueño de una empresa próspera de la cual no tienes ni idea que existirá. Tal vez dirigirás un proyecto que va a revolucionar la historia de tu familia, pero no lo ves aún. Hay una clínica por construir o un gran proyecto arquitectónico jamás inventado que liderarás, pero aún no lo sabes, sin embargo, Dios te está preparando para ello.

Hay sueños que vas a hacer realidad y tú no tenías ni idea, porque hay potencial sobrenatural que viene del cielo para ti y este es tu tiempo para desarrollarlo. Si te cuesta trabajo creerlo, déjame confesarte que al comenzar el 2022 no tenía ni idea de que este libro sería una realidad este mismo año, que iba a poder escribirlo en tiempo récord y, mucho menos, que impactaría a tantas personas.

Gedeón es un ejemplo extraordinario del desarrollo del potencial. Él estaba deprimido y sin esperanza, pero cuando Dios se le apareció, todo cambió. Hizo explotar el potencial escondido en Él. No tenía ni idea de que derrotaría a 135 000 madianitas.

Él estaba deprimido, sin fuerzas, sin esperanza, sin motivación, pero su potencial se manifestó y Dios cambió su historia de vida en un solo día. Cuando Dios apareció, le dijo: «hombre valiente y esforzado». Esto es porque Dios nos ve más grandes de lo que somos en nuestra realidad.

Tú no tienes ni idea de lo que Dios hará contigo. Atrévete a creer en el éxito que te espera.

9. La mentalidad de éxito tiene la capacidad de ser flexible ante las dificultades de la vida

El éxito necesita ser capaz de hacer cambios internos y externos. Se trata de no dejarnos frenar por las derrotas e inconvenientes que nos presenta la vida. Personalmente, he tenido que vivir momentos muy difíciles que requirieron una manera de pensar atrevida, arriesgada, que se saliera de la caja o de lo convencional.

Si no hubiera tomado ese tipo de decisiones y no hubiera pensado de la manera como lo hice, hubiera perdido muchas oportunidades y muchas puertas se me hubieran cerrado.

Uno de los ejemplos más grandes de flexibilidad fue mudar nuestra congregación a un auditorio que era un casino de brasileños. Un lugar muy bonito, pero que había sido construido con un propósito totalmente contrario al de una iglesia cristiana.

Cuando me enteré de que era un casino, mi mente reaccionó en un segundo y dijo: «No». No es posible utilizar un lugar dedicado a una actividad que, desde mi punto de vista no es la más conveniente, donde hay alcohol, apuestas, pérdida de dinero, adicción y utilizarlo ahora para predicar la palabra de Dios. Pero en segundos algo me dijo: «Este lugar no fue construido para el club, solamente funcionó seis meses y por alguna razón cerró. Este lugar fue construido para ti». No te puedo decir cuánto hemos sido bendecidos y cuánto hemos crecido en todos los aspectos por haber pensado de manera flexible y arriesgada.

El padre de David lo había rechazado y este es uno de los factores que más puede afectar nuestro sistema de pensamiento y nuestra autoestima para lograr grandes cosas en la vida. Los hermanos no creyeron que Él podía derrotar al gigante y el rey también se burló de Él, pero

David siguió adelante, porque sabía que su identidad estaba en Dios.

Dios lo había escogido, lo había señalado para algo grande y eso era suficiente para Él. Una persona de éxito no se rinde ante las adversidades de la vida. No se rinde porque otros no piensen como Él, o porque lo critiquen, y tampoco necesita de la aprobación de todo el mundo para hacer lo que Dios le mandó a hacer.

El éxito es para el que supera el rechazo, la traición, para quien no recibió lo que merecía. El éxito es para el que se sobrepone al fracaso.

Te tengo una noticia, hay personas que te van a traicionar, que van a maldecirte, que van a robarte, que te van a hacer lo que tú menos esperas de ellos, te van a querer hundir aun cuando los levantaste, te van a dar la espalda aun cuando tú les diste la mano en el peor tiempo de sus vidas.

Estas cosas forman parte de la vida y no nos deben sorprender. ¿Por qué? Porque el corazón del hombre siempre tiende a la maldad. ¡Deja eso atrás y prosigue hacia la meta! Jesús fue traicionado por su propio discípulo, Judas, y nunca se detuvo.

Personalmente, me sentí traicionado por mi primer pastor. Cuando cometió adulterio haciéndonos creer que nada estaba sucediendo, mi corazón fue quebrantado.

Amo a ese pastor y todo está perdonado. Hoy en día tiene un ministerio de restauración exitoso y es de bendición para cientos de personas, pero en ese entonces mi corazón sintió algo indescriptible. Me sentí lo peor de este mundo y sin esperanza.

Luego fui rechazado y traicionado por otro líder que quedó como autoridad del ministerio. No fui tenido en cuenta. Después de ocho años de arduo trabajo y total entrega, tuve que quedar fuera de la organización. Hoy estoy seguro de que fue la voluntad de Dios.

Este fue uno de los peores momentos de mi vida. Al salir de la organización a la cual le entregué mi juventud y los mejores años de mi vida, no salí por la puerta grande ni con una bonificación o una recomendación.

Fui vituperado, porque supuestamente había hecho lo malo, incluso algunas maldiciones fueron lanzadas sobre mis hombros por no aceptar quedarme en un lugar donde creía que las cosas no se estaban haciendo de la manera como Dios quería. Preferí caminar en integridad y perder mi reputación. Esos tiempos fueron muy difíciles, me sentí traicionado, burlado, desechado y sentí que no había futuro para mí. Quedé sin trabajo, sin dinero, sin amigos, sin casa, sin carro y con una esposa, con un embarazo de alto riesgo.

Me sentí tentado a vivir como víctima, pero tuve que superarlo. Tuve que hacer cambios internos, decidir perdonar, soltar y creer que Dios estaba en control de todo. También tuve que ser flexible ante lo sucedido y aceptar mis errores. Hoy sé que fue lo mejor que podía suceder en mi vida. No lo vi de esa manera en ese momento, pero después de muchos años veo cómo Dios estaba armando un mega rompecabezas, en donde su único propósito era bendecirme.

Seguramente debes estar viviendo alguna situación parecida, en la que no puedes tener el control, en donde puede que te sientas burlado o traicionado, y no puedes cambiarla, pero sí puedes decidir ser flexible, perdonar, soltar y dar amor, aunque otros no lo den.

Ser flexibles en los momentos de crisis nos ayuda a superar los problemas de la mejor manera. Por ejemplo, seguir adelante dio nacimiento a lo que hoy es la organización Ammi Global que dirijo con mi esposa.

10. La mentalidad de éxito se arriesga

Éxito es tomar riesgos. Había un gran riesgo en ir a matar al gigante. Sin embargo, David conocía un principio de éxito: el que no se arriesga no triunfa.

Nuestros planes deben contemplar niveles de riesgo. El éxito es para el que se arriesga. David le dijo al rey Saúl: «Tu siervo irá y peleará contra este filisteo». Al decir esto asumió los peligros que encerraba su cometido, pero sabía que un Dios fuerte estaba con Él.

El riesgo consistía en que, si la piedra no le daba en la cabeza, ¿qué iba a hacer David?, ¿si no mataba al gigante en el primer intento cómo se iba a salvar de su gran fuerza y de sus armas?

Cuando caminas en fe el riesgo sigue, pero ahora estarás bajo el control de Dios. Me imagino que David decía: «Solo tengo cinco piedras para matar a Goliat, pero tengo a Dios».

Dios te dará éxito con lo que cuentas y lo que no tienes lo pondrá Él.

Nada grande se logra sin tomar riesgos. Los riesgos causan temor, pero la acción cura el miedo.

11. La mentalidad de éxito es fiel con quienes nos ayudaron a llegar a la cima

1 Samuel 17:58 (RVR 1960) contiene este pasaje: «Y le dijo Saúl: Muchacho, ¿de quién eres hijo? Y David respondió: Yo soy hijo de tu siervo Isaí de Belén».

La victoria es para el que reconoce que su éxito se debe al acompañamiento de aquellos que lo lideraron, se debe a los que le abrieron el camino, se debe a sus autoridades.

Lealtad y fidelidad serán claves para el éxito del líder de hoy. La mentalidad de éxito no contempla pensamientos de traición ni de deslealtad. Los pensamientos de deslealtad, traición y desagradecimiento no están en la mente del que tiene éxito. El exitoso agradece. Si no eres agradecido, te estarás alejando del éxito, no importa cuán alto estés. Ser agradecido te garantiza que permanecerás en el éxito y seguirás creciendo.

Pues bien, ¿a quién estás agradeciendo hoy?, ¿a quién le manifiestas honra, fidelidad y lealtad?

El que es desagradecido lo es porque cree que todo lo que tiene y lo que alcanzará es por sí solo y niega la realidad de que hay personas que abrieron camino para que transitara con facilidad y le abrieron puertas que le hubiese tocado abrir solo. Así que no olvides. Tu nivel de agradecimiento determinará cuán alto estarás en tu futuro.

No puedo negar que hay grandes hombres y mujeres de Dios que me han catapultado en el camino que he transitado. Si no fuera por ellos, tal vez nunca hubiera alcanzado los peldaños que hoy he conquistado. No puedo olvidarme del pastor José Víctor Dugand y su esposa Jessica. Jamás se borra de mi memoria el día que me recibieron en su casa en Miami, y ella estaba embarazada, tenía la barriga a punto de explotar. Su esposa me cocinó, ambos me recibieron en su casa y me apoyaron en uno de los momentos más difíciles de mi vida, en el cual me sentía desechado. Sus palabras y apoyo han sido incalculables a lo largo de mi vida.

No puedo borrar de mi memoria el día que fui a Panamá y escuché por primera vez a un predicador lleno de fuego. Nunca había escuchado un tema parecido. Cuando lo vi pensé: «Este hombre desayunó cohete con dinamita». Al final me dio una palabra profética, oró por mí, por mi esposa y por Isabella que tenía cuatro años. Todo se ha cumplido.

No alcanzan las palabras para agradecer al apóstol Edwin Álvarez y a su esposa Dalis por su amor exagerado, y por habernos acogido mejor que a unos hijos en su ministerio y su propia familia. Mi lista es bastante larga, pero para no dejar de mencionar a algunos, cómo olvidarme del pastor Samuel Rodríguez, uno de los hombres de mayor influencia hoy en Estados Unidos y el mundo eclesiástico, quien me ha inspirado y me ha dado la mano para seguir adelante con tantos proyectos.

¡Cómo no agradecer al pastor Maury Davis de Nashville!, quien también me ha manifestado su amor extremo, ayudándonos en tantos temas tan difíciles como levantar un ministerio y administrarlo. O al Dr. Bill Wiston por enseñarme lo que es la fe loca. Mi lista aún no termina, en los agradecimientos de este libro tengo a varios, sigo agradecido, demostrando lealtad y fidelidad, y no quiero parar. Pero mi pregunta para ti, mi querido amigo lector, es: ¿a quién estás agradeciendo?

La fidelidad y el agradecimiento siempre te acercarán al éxito.

12. Éxito es para el que cree en la oración

La oración es la fuente de vida de una mente exitosa. No conozco un gran hombre o mujer de Dios que haya logrado cosas grandes sin tener el hábito de la oración como estilo de vida, y no como algo que se hace únicamente en momentos de urgencia.

David escribió la mayoría de los salmos, que son el reflejo de su tiempo de oración e intimidad con Dios, los cuales, sin duda alguna, marcaron su vida y su mente para poder recibir los planes de Dios y sus propósitos.

A pesar de vivir momentos de mucha dificultad, como la persecución del rey Saúl para matarlo o el gran pecado que cometió al matar a su principal general y quedarse con su mujer, Betsabé, David encontró en la oración su fuente de fortaleza, restauración y vigor para seguir adelante.

En uno de sus momentos de gran dificultad escribió el salmo 42:1-2 (LBLA), que dice: «Como el ciervo anhela las corrientes de agua, así suspira por ti, oh Dios, el alma mía. Mi alma tiene sed de Dios, del Dios viviente, ¿cuándo vendré y me presentaré delante de Dios?».

David comparó la sed de su alma con el ciervo que, anhelante, busca las fuentes de aguas cuando tiene sed. Es realmente nuestra alma (emociones-pensamientos-voluntad) la que tiene sed de Dios, entonces imagínate alguien que nunca tiene comunión con Dios, ¿cómo suple esa necesidad?, ¿cómo alimenta su alma el que no tiene una vida de oración? La respuesta es sencilla, tiene que buscar sustitutos, pero en realidad no hay nada que pueda sustituir lo que proporciona la oración y la presencia de Dios en nuestras vidas.

Una particularidad de los ciervos es que utilizan las fuentes de agua no solo como refrigerio y recarga de energía, sino como método de protección. Ellos, al sumergirse en la fuente de agua, hacen que los depredadores no puedan encontrarlos, pues quedan fuera del alcance de su olfato. Al estar debajo del agua no hay olor que pueda descubrirlos y pasan desapercibidos ante sus enemigos.

No solo debemos alimentar nuestra mente con la oración, también debemos protegerla. Esa es otra ventaja de tener una vida de oración, pues nos cubre el entendimiento en contra de sus propios depredadores. Nuestra mente está expuesta día a día a leones de temor, de duda, de ansiedad, de enfermedad, de negativismo, de depresión y muchos otros que están diseñados para destruir la mentalidad de milagros que Dios diseñó.

David conocía el gran poder que hay en la oración. Jesús enseñó que el poder de su ministerio y vida residía en una vida de oración. Continuamente se iba a orar a solas, en la madrugada o en el mañana muy temprano. Siempre recurría al poder de la oración para salir a enfrentar los grandes retos de su misión, como sanar enfermos, paralíticos, endemoniados o para calmar una gran tormenta que quería hundir su embarcación y para llevar a cabo su meta máxima que fue morir en la cruz por nosotros.

Para lograr el siguiente nivel en tu vida necesitarás una disciplina de oración que te ayude a soportar lo que tienes hoy y lo que viene. Me digo siempre que si Jesús, siendo Dios hecho hombre, necesitaba orar, ¿quiénes somos nosotros para creer que no necesitamos de la oración?

Mateo 16:19 (NBLA) dice: «Yo te daré las llaves del Reino de los cielos; y lo que ates en la tierra, será atado en los cielos; y lo que desates en la tierra, será desatado en los cielos». Y en la versión Nueva Traducción Viviente dice así: «A ti, Pedro, te daré autoridad en el Reino de Dios. Todas las cosas que tú prohíbas aquí en la tierra, desde el cielo Dios las prohibirá. Y las cosas que tú permitas, también Dios las permitirá».

Con ello Jesús le estaba diciendo a Pedro: «Hay un poder extraordinario en tu oración, tanto, que cuando ores puedes prohibir que sucedan cosas y puedes hacer que sucedan cosas». En otras palabras, todo lo que quieres que suceda primero háblalo con Dios, hazlo parte de tus oraciones. ¿No te parece extraordinario?

Personalmente, he aplicado este principio a mi vida y creo que gran parte de mis logros se deben a este punto. Siempre busco que mi mente sea refrescada por los tiempos de oración y en ellos intento escuchar al máximo la voz del Espíritu Santo que me da dirección específica en cada desafío que enfrento

No es algo místico, lejano y extraño que no está a tu alcance. Es un estilo de vida muy normal, pero que tiene resultados sobrenaturales. En mi caso, todo milagro que he recibido primero fue gestado en la oración.

Santiago 4:3 (NBLA) dice: «No tienen, porque no piden. Piden y no reciben, porque piden con malos propósitos, para gastarlo en sus placeres». Mateo 7: 7-8 (NVI) dice: «Pidan, y se les dará; busquen, y hallarán; llamen, y se les abrirá. Porque todo el que pide, recibe; y el que busca, halla; y al que llama, se le abrirá».

El principio espiritual es este: muchas veces no recibimos porque no pedimos o porque pedimos mal. Nuestra oración debe ser con confianza y con propósito definido, clamando a Dios por todo aquello que está proyectado en nuestro futuro, dejando las cargas y preocupaciones en sus manos. Lo que quiere decir que una vez que oras y tienes un tiempo de intimidad y conversación con tu Padre celestial, la preocupación y los afanes de la vida quedan en sus manos.

La oración mueve la rueda de la creación.

13. La mentalidad de éxito es generosa

No verás éxito si no vives una vida de generosidad. Vinimos a este mundo para dar. Somos una bendición para esta tierra. Proverbios 11:25 (NVI) dice que: «El que es generoso prospera; el que reanima será reanimado». En otra versión dice: «Hay quien reparte, y le es añadido más, y hay quien retiene lo que es justo, solo para venir a menos. El alma generosa será prosperada, y el que riega será también regado». Proverbios 22:9 (NVI) dice: «El que es generoso será bendecido, pues comparte su comida con los pobres».

La generosidad es un tema del alma. Es un tema de mentalidad, es una manera de pensar, de actuar, de ver el mundo y de reaccionar ante las diferentes circunstancias de la vida. Es un tema que mueve las emociones, los sentimientos, los pensamientos y la voluntad del ser humano. Es un estilo de vida, es un espíritu, es una actitud que yo mantengo todo el tiempo y a toda hora.

Isaías 32:8 (NTV) dice: «Pero los generosos proponen hacer lo que es generoso y se mantienen firmes en su generosidad». En la versión RVR 1960, dice: «Pero el generoso pensará generosidades, y por generosidades será exaltado».

La palabra generoso viene del hebreo *beraka*, que significa «bendición», estanque para dar prosperidad, y del hebreo *barak*, que es bendecir a Dios como acto de adoración, bendecir con abundancia, bienaventurado y dichoso. Así pues, generoso es aquel que le gusta dar de lo que tiene a los demás o compartirlo con otros sin esperar nada a cambio. Es una persona desprendida, dadivosa, espléndida.

La generosidad es una cualidad de Dios-padre que nos es transferida a nosotros, pues fuimos hechos a su imagen y semejanza. Un hijo de Dios que es generoso está manifestando la imagen de Dios aquí en la tierra, está honrándolo, pues, la esencia de Dios es un Dios dador, nunca será un Dios mezquino o tacaño. Dios es amor, dador por esencia, nunca se cansa de dar porque esa es su naturaleza.

Los mercados y los negocios no los conquistan la gente que está pidiendo, los conquistan la gente que está ofreciendo. Los que prosperan son los que dan, no los que piden.

¿Tú eres más de los que dan o de los que piden?

Trayendo nuevamente el ejemplo del rey David, podemos decir que fue uno de los más generosos en la Biblia. En el momento en que se dispuso a juntar los recursos para el templo que construiría su hijo Salomón, Él fue el mayor dador. Dio de su tesoro personal millones de dólares (al día de hoy) para esta magna obra. De hecho, Salomón no hubiera podido llevar a cabo esta gran construcción si su padre, David, no le hubiera entregado tanta riqueza.

Hechos 20:35 (RVR 1960) dice que: «En todo os mostré que así, trabajando, debéis ayudar a los débiles, y recordar las palabras del Señor Jesús, que dijo: Más bienaventurado es dar que recibir». El que es generoso será mucho más bendecido, más feliz, más afortunado y siempre tendrá asegurada su cosecha.

El que da siempre recibirá, pero el que solo recibe resta.

La generosidad está conectada con la abundancia, la multiplicación y la bendición. La mezquindad o tacañería está conectada con la escasez y la ruina. La mentalidad de escasez siempre nos lleva a decir que no tenemos, no hay, no se puede.

Si decides ser una persona con mentalidad de generosidad, el éxito siempre tocará la puerta de tu casa. La generosidad es un estilo de vida de siembra continua que, sin importar las circunstancias adversas que se presenten a tu alrededor, siempre traerá una cosecha multiplicada de bendición y del favor de Dios. Nada de lo grande que Dios nos ha dado ha venido solo por pedir, siempre hemos dado abundantemente.

Oseas 8:7 (NVI) dice lo siguiente: «Sembraron vientos y cosecharán tempestades». Pido a Dios que grandes cosechas de bendiciones y de puertas abiertas vengan sobre ti. Deseo con todo mi corazón que puedas meditar y aplicar lo que Dios ha plasmado en este libro y que decidas transformar tu sistema de pensamiento para tener éxito en todo lo que emprendas y que puedas vivir ¡sin miedo a nada!

SALMO 20: Que el Señor responda a tu clamor en tiempos de dificultad; que el nombre del Dios de Jacob te proteja de todo mal.

2

Que te envíe ayuda desde su santuario y te fortalezca desde Jerusalén.

3

Que se acuerde de todas tus ofrendas y mire con agrado tus ofrendas quemadas. Interludio

4

Que él conceda los deseos de tu corazón y haga que todos tus planes tengan éxito.

5

Que gritemos de alegría cuando escuchemos de tu triunfo y levantemos una bandera de victoria en el nombre de nuestro Dios.

Que el Señor conteste a todas tus oraciones. (NTV)

¡Nos veremos en las alturas!

IVÁN DELGADO

Made in the USA
Middletown, DE
07 December 2022

16234519R00142